改訂版

生の年金・死の年金

人生100年時代の
年金人生、
死亡時期で
こんなに変わる
年金受給

三村正夫 著

セルバ出版

改訂版　はじめに

本書を手に取られた方や、年金を受給している方、社会保険労務士の先生方に深く感謝申しあげます。本書を読んでいただければ、年金は繰上げ請求して受給するか、または繰下げ受給か、はたまた法律の基本的な流れで受給したほうがいいか、ある程度ご判断いただけるのではないかと思っております。また、私の造語ですが、年金を「生の年金」と「死の年金」という２つの視点から考えていただくキッカケの１つになれば幸いです。

２０２０年の厚生労働白書によると、現在の日本は１００歳以上の高齢者が８万人超などと人生１００年時代がいよいよ身近に感じられるようになってきました。また、令和22年には３人に１人が65歳以上の社会になっていくと予想しています。まさに日本は世界に類を見ない高齢化社会です。このような社会では、国民年金・厚生年金といった年金の重要性は今後さらに注目をあびてくるでしょう。令和４年からは、公的年金の受給開始年齢が現在の65歳から繰下げ請求することで、70歳までが75歳まで広がることになってきます。また、繰上げも減額率がダウンするなどの変革も迫ってきているのです。

私は、本年65歳になりました。私のケースでは、厚生年金の報酬比例部分は62歳からの支給になっています。昭和36年４月２日以降生まれの男性では65歳からとなります。これまでのように、60歳からきっちり年金をもらっていた世代とは違い、これからの世代はやがて65歳からの支給へと推移していきます。

私は社会保険労務士の仕事をしております。仕事がらどうしても、62歳支給を60歳からの繰上げ支給したらどうなるかを知りたくて、60歳になる前に調べてみました。その結果、意外と62歳からではなく60歳から繰上げ支給を選択しても思ったよりは年金額が減少していなかったのです。逆に、国民年金も繰上げ支給を選択するため、年金トータルでは62歳からの年金受給よりも60歳繰上げ支給額が月額では多くなってくることもわかりました。

トータルで見ても、繰上げ支給を選択しても、77歳までは繰上げ支給選択が有利であることもわかってきました。これは意外で、ビックリしたものでした。

これから定年を迎える方では、会社を60歳定年で退職されると、厚生年金が全く受給できないケースが出てくると、繰上げ支給を選択したら一体どうなるか？　考えている熟年の方は結構多いのではないでしょうか？　それなら、会社の再雇用制度を希望し65歳まで働くか？

本書では、人生の死亡時期から特定して年金の逆算方式で考えたときの、より有利な選択制度も考えてみます。多くの年金のことを考えている方の、繰り上げるか繰り下げるかの判断に参考にしていただけるでしょう。

社会保険労務士として、これらを仕事の1つにしている私自身、年金のこれらのことがわかりやすく書かれている本があればもっと読者の皆さんに喜ばれるなあと思いました。

本書を書きながら、何歳まで生きるか、それまでにいくら貰えるのかしか、われわれは考えていないことに気がつきました。また、死亡したときも遺族に遺族年金が支給されることを考えれば、死亡後の遺族への支給のことまでも考慮した年金の有利性というのも考えなければいけないのではないかと気がつきました。年金の繰上げと繰下げ、死後の年金までも深く考えたこのような年金の本は、これまでなかったのではないでしょうか。

従来の年金の本のように、詳細な年金の制度にはこだわらないで、簡単な年金の基本的なケースを想定し、とにかく読者の皆さんが、繰り上げるべきか、それとも繰り下げるべきか、または本来の年金の受給でいくのかなどイメージしていただければいいと思っております。

年金の詳しい本のように頭に汗しなくてもいい、非常にわかりやすい内容になっています。

どうぞ、寝そべってでも読んでいただければ幸いです。

2021年1月

三村　正夫

改訂版　生の年金・死の年金
—人生１００年時代の年金人生、死亡時期でこんなに変わる年金受給　目次

2章　繰上げ支給と繰下げ支給の魅力（令和4年75歳繰下げ支給スタート）

3章　死亡時期により大きく変わる生の年金「老齢年金」と死の年金「遺族年金」4つのタイプ・その1

4章　死亡時期により大きく変わる生の年金「老齢年金」と死の年金「遺族年金」4つのタイプ・その2

男性昭和36年4月2日以降に生まれた方・女性昭和41年4月2日以降に生まれた方のケース

序章　年金事務所からきた年金定期便
——あなたはどのように考えますか

1　年金定期便はあなたの年金人生の履歴書—他に何がわかるのか

年金定期便

熟年のあなたは、年金事務所からの年金定期便見たことがありますか。みたことがあるが、内容まで細かくみられている方はほとんどいないケースが大半ではないでしょうか。

そこで、私の実際の事例に基づき記載したほうが読者の皆様に説得力を持って理解していただけると思いましたので、あえて私の実際の資料をもとにお話してみたいと思います。

私は、現在65歳ですが、59歳の誕生月に年金事務所から図表Iのような年金定期便が郵送されてきました。

50歳以上の方は、私の事例のように加入月数と60歳まで今の状態が続いたものとしての将来の年金受給額などが掲載された内容となっています。

50歳未満の方の年金定期便は、現時点で年金をもらい始めたときの計算で記載されていますので、少ない金額になっています。

年金定期便は、毎年誕生月に図表2のように日本年金機構から送られてきます。この年金事務所からの年金定期便を、熟年のあなたはじっくり見られたことがありますか。おそらく、私のように

【図表１　私のねんきん定期便】

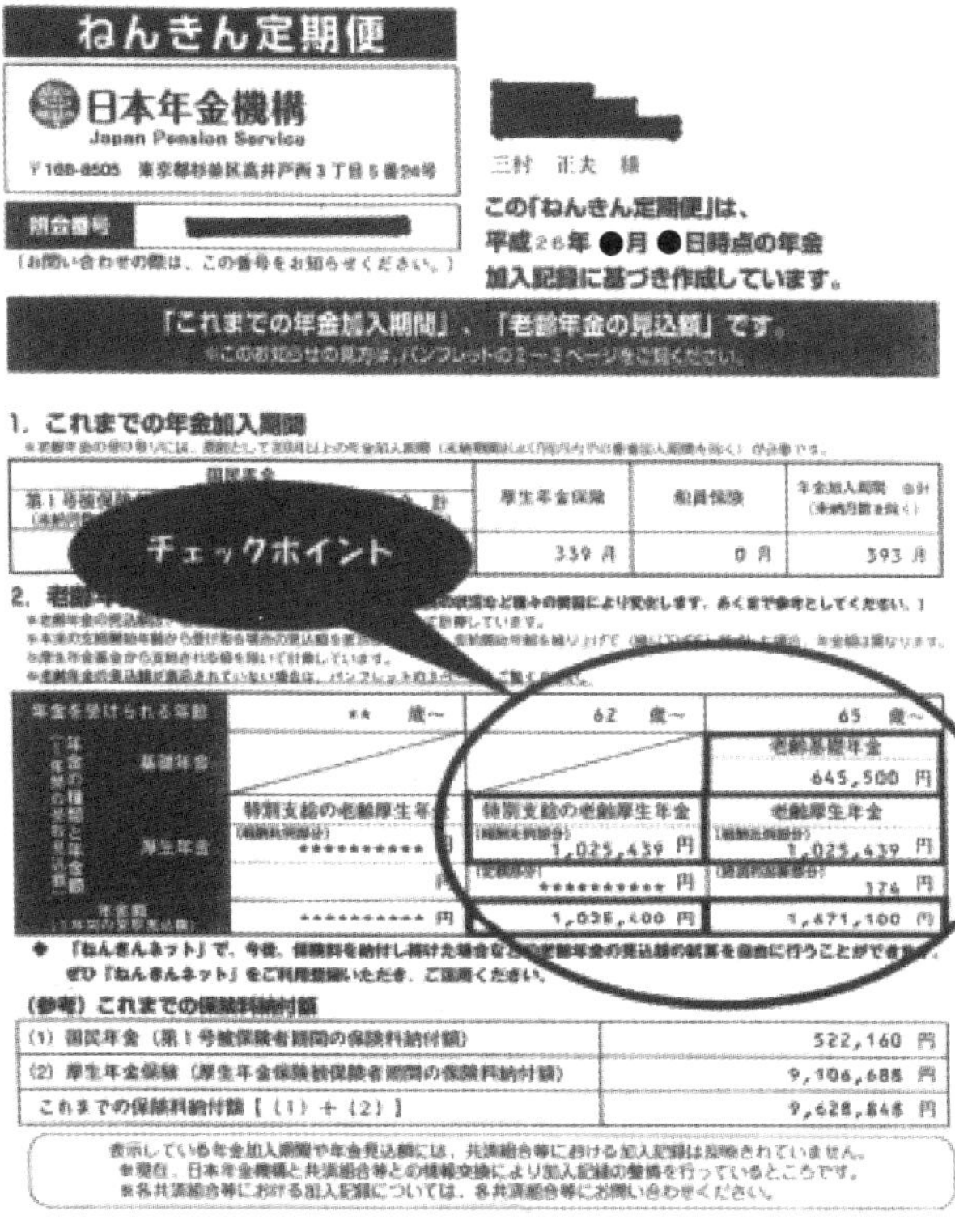

【図表２　年金定期便の送付時期】

区分		送付形式	内容		備考
毎年 （節目の年以外）	50歳未満	はがき	直近1年間の情報	これまでの加入実績に応じた年金額	被保険者の誕生月に郵送
毎年 （節目の年以外）	50歳以上	はがき	直近1年間の情報	年金見込額	被保険者の誕生月に郵送
節目の年	**59歳**	**封書**	**全期間の年金記録情報**	**年金見込額**	**被保険者の誕生月に郵送**
節目の年	35歳、45歳	**封書**	**全期間の年金記録情報**	これまでの加入実績に応じた年金額	**被保険者の誕生月に郵送**

ある程度熟年になるまでは、ほとんどの方があまり真剣に見ないのではないかと思います。

実は私も、社会保険労務士の仕事をしてきていながら、この60歳になるまで、あまり真剣に考えてこなかったのが正直な気持ちです。

そこで、本書では、私の実際の事例も踏まえながら、このわかりにくい難解な年金について、あえて多くの年金本のように、詳細な年金制度の解説にはこだわらないで、ザックリ自分の年金についてどのような考えで臨んでいけばいいのか、また、その方向性がある程度見えてくればいいのではないかと思っています。

また、私自身も、熟年のあなたと本書を通して自分の年金繰上げ繰下げ制度について考えていきたいとも思っています。

私の年金定期便

図表Ⅰの私の年金定期便を見ていただければおわかりのように、厚生年金の加入期間・国民年金の加入期間や、62歳からの年金額がいくらかが表示されています。

年金の加入記録を見れば、サラリーマン時代において毎月納付してきた加入月数が表示されています。

ご存知かと思いますが、このサラリーマン時代の加入実績により、62歳から（昭和36年4月2日以降生まれの男性では65歳から）の報酬比例部分の年金額が決まってしまうわけです。

私のケースでは、年額約102万円です、これが65歳までの3年間で受給する年金額です。3年間で約306万円です。

この102万円という金額は、おそらく中小企業の平均的なサラリーマンであれば、私の年金相談などの経験からしても、平均的な数字ではないかと思います。この金額を多いと思うか少ないと思うかは、個々のこれまでの、厚生年金の加入実績や本人の会社からの給料などからもいろいろな見方が出てくるのではないかと思います。

熟年のあなた、私の年金額よりも多いですか、少ないですか。この金額は、ある意味あなたのこれまでの人生の様々なサラリーマン時代の履歴の経済的活動の総決算ともいえる金額ではないでしょうか。

この平均的な年金額102万円よりも多い方は、サラリーマンとして頑張ってこられて、ある意味月給も比較的高い人生を歩んでこられた方々です。逆にこの金額が少ない方は、転職が多いとか、サラリーマンの期間が少ないとか、なかなか高額の月給の対象となるポストにもつけなかった方が多いのではないかと思います。

ただし、自営で国民年金しか加入してこなかったとか、女性で、家庭の主婦が長いという方は、厚生年金の加入がどうしても少ないケースが多くなるので、一部の自営の方や女性のケースではこのような比較は一概にできないと思います。

熟年のあなた、いかがですか。

私は、この年金額というのは、多くの日本のサラリーマンのある意味、人生の経済的活動の結果のバロメータの1つではないかと思います。

なので、この年金定期便は、あなたの人生のある意味サラリーマン時代の経済的決算書であるともいえなくはありません。

2　年金の将来の受給予想額からわかる年金生活の生活レベル

これから年金受給者になる人の年金

本書では、これから年金受給者となる男性で、昭和36年4月2日以降生まれの方、また、女性では昭和41年4月2日以降生まれの方の、年金について考えていきます。

それ以前の方々は、すでに受給されていますし、年金の理解においてはその方々のケースまで考えると複雑でわからなくなってくると思いますので、あくまでもこれから年金受給者となる熟年男性に焦点を当てて考えていきます。

この方々は、厚生年金では従来の受給者のように報酬比例部分が60歳からではなく、65歳からしか受給できない世代になってくる方々です。

この関係を表にすると図表3のようになります。

【図表3　厚生年金の受給開始年齢】

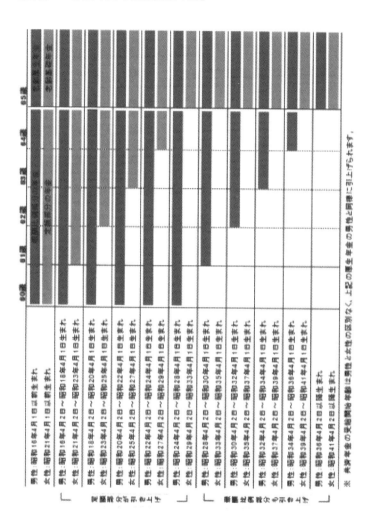

年金収入

熟年のあなた、図表3をじっくり見られていかがですか。

私は64歳からか、はたまた僕は65歳からか、定年で65歳までの再雇用制度はあったとしても、もし、60歳で定年退職したら、65歳まで、まったく収入がなくなる、どうしたものか……。

雇用保険は、定年退職であれば最大150日分です。約5か月ほどにしかなりません。

それでは生活できないので、会社の再雇用制度で、賃金は60歳までの賃金から4割ほどダウンするが、65歳までは働くかといったケースが多くなってくるのではないかと思います。

ちなみに日本の65歳から69歳の就業率は52・9％で世界でもトップクラスです。したがって、年金が65歳支給の方が今後多くなってくるので、65歳までの再雇用は一般的な流れになってきたと思います。

また、令和3年4月からは、高年齢者雇用安定法の改正により、70歳までの就業機会確保の努力義務が事業主に課せられることになりました。そのため今後は、益々65歳から69歳までの就業率はアップしていくのではないでしょうか。

本書の読者であるあなたはどのように考えますか。

これも個人差があり一概には語れませんが、先ほどの年金定期便の年金額とこの受給推移表から、あなたの晩年の年金人生の土台が決まってくるわけです。

年金収入以外に収入がなければ、あなたと奥様の年金額からあなたの晩年の生活水準が決まります。

ちなみに、1か月の生活費は、人事院のデータでは図表4のような数字になっています。

【図表４　費用別、世帯人員別標準生計費（平成30年４月）】

（単位：円）

費用別　世帯人員	1人	2人	3人	4人	5人
食糧費	25,490	40,770	50,640	60,510	70,380
住居関係費	47,720	52,300	47,030	41,750	36,480
衣服・履物費	2,580	9,010	10,350	11,690	13,020
雑費1	32,860	29,680	55,050	80,430	105,800
雑費2	8,280	18,930	23,450	27,970	32,480
計	116,930	150,690	186,520	222,350	258,160

年金生活３つのグループ

いかがですか。図表4を見られて、大変厳しいと思われた方、または何とかなるな、十分大丈夫と思われた方の3つのグループに分かれると思います。

ちなみに、この3つのグループを図表5のように分類してみます。

【図表５　３つのグループ】

グループ	特　徴
Ⅰ型	年金だけでは生活が厳しい 年金だけでは生活はできない
Ⅱ型	年金だけで何とか生活ができる 年金だけではギリギリの生活
Ⅲ型	年金だけでも十分生活ができる

どのグループかにより、人生の晩年の生き方は変わってきます。

このⅠ型・Ⅱ型・Ⅲ型の3分類、熟年のあなたはどのタイプになりますか。おそらく本書の読者は、大半が私と同様サラリーマン時代が20年以上ある方でしょう。そうなると、大半の方が、私と同様Ⅱ型の方になってくるのではないかと思います。

なので、何らかの年金対策が必要になってくるのです。

3　今の年金予想額を増加させる方法

ところで、前節のⅠ型、Ⅱ型のようケースでは、定年後において年金を増加させる方法があれば、何とか増加させたいのが人情かと思います。

世の中うまい話があるわけはありませんが、定年後でも、増加させる方法はいくつか残されています。

個々のケースバイケースによって相違してきますが、次の6つの方法があります。

年金を増加させる方法

■その1　60歳からの任意加入
■その2　付加年金の加入
■その3　再就職して1か月でも多く厚生年金に加入
■その4　過去10年間の保険料免除期間・納付猶予期間の保険料を追納、また過去2年間の未納分を納付
■その5　65歳から受給しないで、70歳とかに繰り下げてもらう
■その6　配偶者（奥様）がおられる方であれば配偶者の年金支給開始時期などを考えて、その1から5のことも勘案し、ご夫婦での年金額の増加のことを考えてみる

60歳からの任意加入

その1のケースとしては、学生時代とか何らかの理由により未納期間があり、国民年金の満額受給の条件である40年間加入に該当せず、38年の加入期間であれば、あと2年間、令和2年度であれば毎月16，540円納付することにより、年金の年額を約4万円増加させることができます。

2年間で約40万円負担するわけですから、約10年間で2年分の保険料のもとはとれます。

付加年金の加入

その2のケースは、毎月の保険料に令和2年度16，540円に400円の付加保険料を支払うことにより、年金に200円×加入月数の年金が毎年もらえ、結果的に2年でもとがとれるのです。

再就職して1か月でも多く厚生年金に加入

その3のケースとしては、月給総額20万円（平均標準報酬月額20万円）で同じ会社で再雇用されるとか、別の会社で再就職して65歳まで厚生年金に加入などすると、老齢厚生年金が約7万円増加します。同時に国民年金が65歳までの厚生年金の加入で加入期間が40年未満であれば、老齢厚生年金の経過的加算として約10万円増加します。ですから、ケースによっては、合計17万円老齢年金を増加させることができます。

さらに、60歳再就職のとき、60歳未満の年収130万円未満の扶養の奥様がおられれば、奥様の国民年金の保険料16，540円も免除されます。ただし、奥様が65歳になると保険料の免除はなくなります。

未納保険料の納付

その4のケースとしては、年金定期便を見られて、国民年金の過去10年以内に保険料免除期間・納付猶予期間が5年とか3年とかがあればその分を追納することにより、年金年額は1年分納付で最大約2万円増額になります。また、未納分については、過去2年分遡って納付できます。

なお、法改正があり、平成27年10月から年金受給のための25年間の納付要件が10年間になりましたので、今まで国民年金に加入している期間が少なくても、この制度に基づいて納付すれば、年金の受給要件を満たすケースも出てくるのではないでしょうか。

繰下げの選択

その5の65歳から受給しないで70歳とかに繰り下げてもらう方法ですが、このケースだけが先ほどの事例から比較すると保険料納付の必要のない方法です。

このことについては、後の章で詳しく解説します。

配偶者の年金対策

その6ですが、配偶者（奥様）がおられる方であれば、奥様が主婦で現在50歳で、10年間ほど月額10万円ほどのパートで働いて年金に加入すれば、65歳以降で年金受給額は約2万2，０００円ほど月額がアップします。

また、年金の繰上げ制度も、夫の年金を繰り上げると減額の金額も大きいですが、比較的少ない妻の年金を繰上げ選択すれば、夫の年金の空白部分はいくらか楽になってくるのではないかと思います。後で詳しく解説しますが、年金の繰下げ制度などは、ご夫婦で活用すれば、かなり年金を増額させることも可能です。

この事例のように、奥様の年金を活用した対策も、必要な取組みの1つではないでしょうか。以上6つの取組みを考えてみましたが、最終的に60歳定年で、65歳の年金を最大に増額できるケースは図表6のような方法になってきます。

以上の内容のシミュレーションを考えてみると、60歳定年後老齢厚生年金または老齢基礎年金を増加させる最大の方法は、その3の再就職して1か月でも多く厚生年金に加入することです。

ですから、将来の年金のことも考えるのであれば、定年後も月給がたとえ下がっても再雇用か、再就職の選択が年金という視点からはベストであると判断できます。

しかしながら、これらの選択をしても、60歳定年間際では、よほどの高額報酬の会社に再就職しない限り年金年額としては65歳から最大約17万円ほどアップが限界です。

したがって、年金をいかに多く受給するかは、いかに高額の報酬で厚生年金に長く加入し続けるかです。ちなみに、60歳から70歳まで25万円で社会保険加入で働くと、現行の計算では70歳から年

【図表６　今からでもできる年金を増やす取組み】

	60歳から65歳までにできる年金を最大に増額させる取組み	最大増加年金額
その1 60歳からの任意加入	60歳から65歳まで5年間国民年金の任意加入をする。 但し国民年金加入期間40年を限度とする。	老齢基礎年金が1年で約2万円ですから、5年加入で65歳から年金増加額**約10万円**アップとなります。
その2 付加年金の加入	60歳から任意加入時に付加年金の保険料も毎月400円65歳まで納付する。	老齢基礎年金が **200円×12×５＝ 12，000円** アップとなります。
その3 再就職して1カ月でも多く厚生年金に加入	再就職時の月給**総額**で60歳から65歳まで働いて厚生年金に加入する。	月給20万円のとき 厚生年金年額**約6.5万円** 老齢基礎年金年額**約10万円** **合計約16.5万円**
その4 未納保険料の納付	過去10年間の保険料免除期間・納付猶予期間の国民年金の保険料を追納する。また、過去2年間の未納分を納付する。	老齢基礎年金が1年で年額最大**約2万円**増額となります。
その5 繰下げ選択	65歳になる前に繰下げを選択する。	68歳繰下げで**125．2%** 70歳繰下げで**142%** 年金が増額となる。
その6 配偶者の年金対策	配偶者（妻）が働いて厚生年金加入とか繰上げの選択をする。	妻の老齢基礎年金の繰上げ選択など、夫婦で年金を考える。

金年額が60歳時点より約16万円アップすることになります。

ですから、年金をうまく多く受給するための特別な方法は、基本的には本書で紹介した６つの方法以外にはないでしょう。

4　年金のことを考えることはあなたの人生を考えることにつながる

現実の姿を直視しなくてはいけない

熟年のあなた、どう思われましたか。自分の年金を考えるということは、自分の最終ゴールの人生の生き方を考えなければならないことになってくるということなのです。

あなたがまだ50代前半であれば、まだ余裕があるでしょう。しかし、私のように65歳となると、現実の姿を直視しないといけなくなってきます。

さて、あなたは40年近く働いてこられて、老後は心配いらないくらいの資産が残っていますか。人それぞれのこれまでの人生の生き方によって数億円ある方もあれば、１円もない方など様々ではないかと思います。

ただし、資産が数億円あって老後の心配が全くいらない方は、何も本書を読まれる必要はないと思います。

受給者の格差

前項で、年金を増額させても10万円ほどが限度ではないかとお話しましたが、月額では1万円にも満たない金額です。老後の対策として、民間の個人年金とか、勤務先の企業年金などがあればいいのですが、私が日常の社会保険労務士の仕事を通じて感じていることは、大半の多くの中小企業のサラリーマンであれば、ほとんどが月額13万円から15万円ほどの年金しかなく、逆に、一部の大企業や公務員などの方は、月額20万円以上の年金高額受給者などとなっており、格差が指摘されるところです。

本書では、最も多い民間の中小企業のサラリーマンをベースに現実の年金の姿を考えていきます。

私は、社会保険労務士の業務の中で、60歳とか65歳になったので老齢年金の裁定手続をお客様の会社から依頼されることがあります。その中で出くわすのは、中小零細企業にお勤めのサラリーマンの方で、転職が多いとか、賃金が低かったなどにより、年金年額の報酬比例部分が年間50万円前後の方が結構おられというケースです。

この年金額ですと、65歳からの老齢基礎年金額が年間仮に70万円としても、両方合算しても120万円前後です。いかがですか。これが、多くの中小零細企業のサラリーマンの姿なのです。

年金の改正があり、平成15年からは、年金額の計算に賞与の金額も算入されることになりました。なので、賞与が支給される会社に勤めているか、支給されない会社に勤めているかでも、この年金額の格差はさらに広がってきているのが、今の日本の年金受給の実態ではないかと思います。

1章　年金の受給者には大きく3つのグループ分けがある

Ⅰ　国民年金グループ（平屋建てグループ）

【図表７　年金の家】

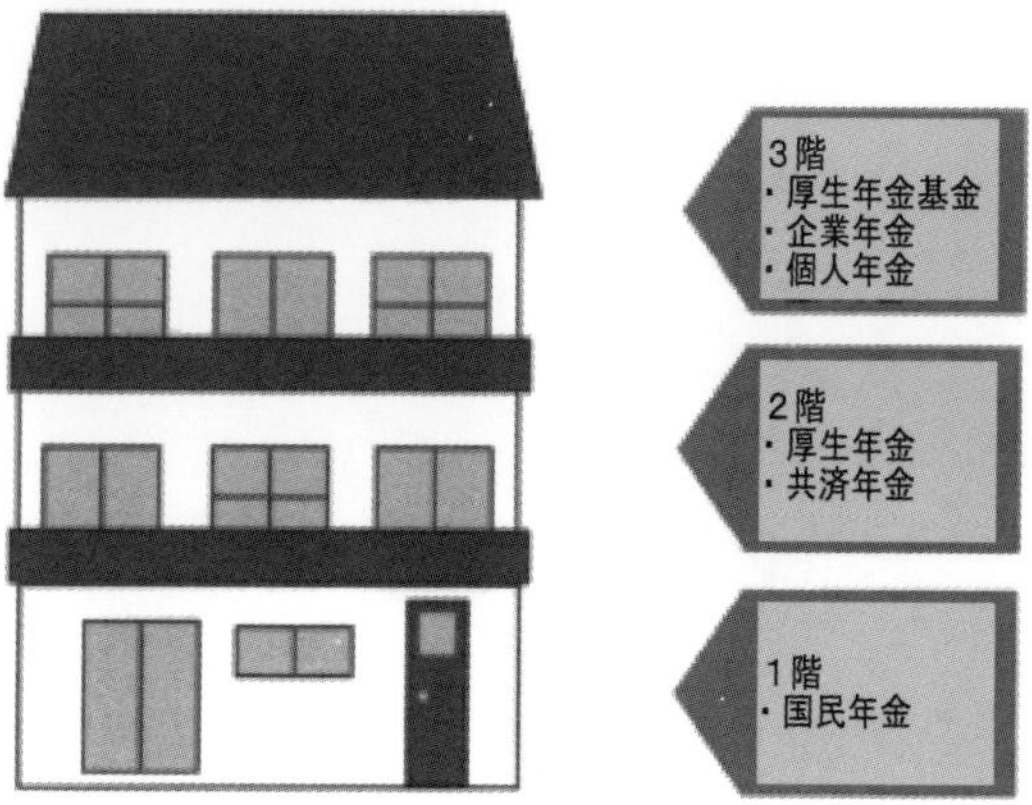

年金の家

熟年のあなたは、年金の受給の仕組みをイメージできますか。

ＦＰの資格を持っている方とか、金融機関にお勤めの方であればある程度イメージできると思いますが、それ以外の方は全くイメージできない方も多いのではないでしょうか。

わかりやすく説明するとなると、年金受給者を仮に図表７の家のイメージで考えればよいのではないかと思います。

平屋建てのお家・２階建てのお家・３階建てのお家などと仮定して、年金受給者のグループを分けて考えるとわかりやすくなってきます。

国民年金だけの受給者

そこで、この節では平屋建てのグループ、いわゆる国民年金だけの受給者のグループの老齢年金について考えてみましょう。

このグループは、会社勤めをしたことのない、いわゆる自営業であった方とか、専業主婦であった方などが該当します。

ところで、令和2年度の20歳から60歳まで（加入可能期間40年）の保険料をすべて納めたとして、満額で年金額年間令和2年度で７８１，７００円の金額（月額６５，１４１円）となっています。

いかがですか。国民年金は、最高で年額約78万円なのです。

ご存知のように老齢年金は、最低10年間保険料を納付していないと受給できない制度になっています。仮に25年間が国民年金の納付期間だとすると７８１，７００円×25÷40＝４８８，５６２円となります。

このことは1階建ての家の床面積で考えるとわかりやすいと思います。国民年金のみのグループは、床面積約78㎡を上限とした平屋建ての家に住むことができると考えればわかりやすいのではないでしょうか。

また、加入年数が基準ぎりぎりの25年間であれば、48㎡の床面積の家にしか住めないと考えればわかりやすいでしょう。もし、仮に加入年数が10年間なければ、年金という家には生涯暮らせないということです。

人生の晩年は厳しい

国民年金しかなければ、ある意味、ワンルームから2Kのマンションかアパートの年金の家にしか住めないという現実です。

法律の改正があり、平成27年10月から25年要件が10年要件に改正されましたが、ちなみに10年の加入期間だと年金額は781，700円×10÷40＝195，425円にしかなりません。

このように、国民年金だけの加入が多い、個人事業主とか家庭の専業主婦の期間の長い方は、自営で年金がなくても十分暮らしていける方でない限り、民間の個人年金などの対策が若い頃からされてきていないと、人生の晩年は大変厳しいかもしれません。

2　厚生年金グループ（2階建てグループ）

厚生年金の受給者

厚生年金の受給者は、年金制度全体の中で一番加入者が多く、日本の年金制度を支えている方々です。

厚生年金というのは、わかりやすくいえば、あなたが会社に勤めていたときの賃金に比例して毎月控除されてきた厚生年金保険料によって、あなたの年金額が決まってしまうという内容の制度です。

したがって、会社での賃金額によって同じ30年間勤続したとしても、その老齢厚生年金の額は大きく相違してきます。

わかりやすくいえば、賃金が在職中に平均2倍違えば、年金額も約2倍違ってくるという制度です。

厚生年金は、ある意味サラリーマン時代の実力の結果の数字ではないでしょうか。

本書の冒頭の図表1で私の年金事務所からの年金定期便を掲載しましたが、数年前先輩が定年退職しましたので、この年金定期便のことが気になり、61歳からいくら貰えるのかと尋ねたところ年金額約１５０万円で月額13万円とのことでした。ちなみに65歳からは、加給年金も含めて月額約22万円ほどだということでした。

この話を聞かれて、どのように感じましたか。多いな、少ないなど、様々な意見があると思います。

いずれにしても、厚生年金の加入者は、国民年金だけと比較するならば、その年金額は大きく相違してくるということです。

その原因の1つとして、賃金の比例部分は確かに大きいですが、厚生年金に加入していると、先ほどの1階部分の国民年金も加入したものとして、年金額が計算されてくるというのも大きい原因の１つではないかと思います。

厚生年金部分を2階建ての家の2階部分と考える

そこで、この厚生年金部分を2階建ての家の2階部分に当たるとして考えれば、大変わかりやすいのではないかと思います。

つまり、加入実績に応じて2階部分を増築していると考えるのです。

わかりやすくいえば、現在の令和2年から賃金月額40万円（平均標準報酬額41万円）で40年間厚生年金に加入したとすれば、その年金年額の報酬比例部分の年金額は現時点の計算では約108万円になります。賃金30万円（平均標準報酬額30万円）で20年加入で約39万円になります。

このように2階部分の床面積を仮に年金額の数字として置き換えると、112㎡だったり42㎡だったりしてくるわけです。

仮に先ほどの賃金40万円で40年間加入したとすると、I階部分国民年金の老齢基礎年金額の78㎡と2階部分報酬比例部分の108㎡の合計186㎡の年金の家に住めるということです。

厚生年金の場合は、65歳未満の年収850万未満の生計維持されている配偶者がいるときは、厚生年金20年以上加入で、加給年金が何と年間で約39万円プラスされます。先ほどのケースでは合計約225万円になってくるわけです。

この金額どのように思いますか。先ほど賃金30万円で20年間加入したときは年金額39万円とお話しましたが、何と賃金30万円で20年間加入してきた年金相当額が加算されるのです。

先ほどの40年加入のケースでは、186プラス39で225㎡の年金の家に住むことができるようになってくるということです。

本書の読者の多くは、このケースに近い方が多いのではないでしょうか。おそらく現在の日本のサラリーマンの方の年金額は、国民年金と厚生年金を含めて年額200万円前後が大半ではないかと思います。先ほどの事例のように年金月額20万円前後の方は、転職もなく、40年近く真面目にサラリーマン生活をやり抜いてきた方々です。

年金の家にたとえて年金制度を説明していますが、2階部分も含めて200㎡前後あれば、立派な、住宅ローンなしの自宅になったのではないかと思います。年金以外にも家賃収入や金融資産などの運用などでたくさんの収入のある方は、300㎡、400㎡と豪華な家になってきます。

平成27年には公務員の共済年金もこの厚生年金に統合されましたので、公務員も同じ2階建ての家ということになります。

3　基金・企業年金グループ（3階建てグループ）

年金制度3階部分

次に年金制度3階部分について考えてみましょう。3階部分の代表的な制度は、厚生年金基金です。また、大きな会社に勤務されてきた方であれば、会社独自の企業年金などになってきます。

40年近く企業年金制度のある会社で勤続されてきた方であれば、企業年金の給付内容によっては、月額10万円前後の年金になる方も多いのではないかと思います。

この3階部分は、Ⅰ階国民年金と2階厚生年金にプラスされて基金などの年金制度が上乗せ給付になるので、年金受給者にとっては大変ありがたい3階部分ということになります。

先ほどの事例のような方であれば、3階部分まで合計すると年額300万円は超えていくのではないでしょうか。ですから、この3階部分のある年金受給者の方は、年金受給者としての視点では恵まれた方々になります。

家でもそうです。3階があるとないとでは、その生活空間は大きく変わってきます。

私も社会保険労務士の業務の中で年金相談も受けますが、やはり基金とか企業年金などを受給できる方は、比較的大きな会社に勤続され、在職中の賃金もそれなりの方が多いような気がします。

この3階部分の年金のある方は、1章で解説した年金グループのⅢ型に該当する人たちが多いのです。熟年のあなたは、この年金という家は1階建ての住民ですか、それとも2階建て・3階建ての家の住民になりますか。

年金受給者の貧富の差拡大

このグループ分けは、先ほど解説した年金のⅠ型は1階建て・Ⅱ型は2階建て・Ⅲ型は3階建てグループの分類と一致してくるような気もします。Ⅰ型の年金額約80万円からⅢ型の年金額の約

３００万円まで4倍近くも相違してくるケースも出てくるわけです。

このように年金の受給者の世界でも、1階建ての平屋住いから3階建ての豪華な家に住まうことができるような方との貧富の差は益々拡大してきているのではないかと思う次第です。

年金受給者の実態

ここで、今一度現在の日本の年金受給者の実態についても考えてみましょう。

今の日本は、非正規雇用労働者（アルバイト・バートなど）が約4割も占めてきている中で、厚生年金に十分加入できてない方も今後増加してくるのではないかと思われます。

そのようなことも考えると、日常の業務の1つである年金相談などの経験も踏まえていえることは、年金受給者の1階建て平屋から3階建ての立派な年金の家に住める方などその格差がどんどん広がってきているように感じます。

イタリアの経済学者で有名なパレートが、「経済的成果の8割は2割の方で占められる」という法則を発表しており、いろいろな分析などに応用されています。パレートの法則のように、この年金受給者も年金年額約３００万円近い年金受給者と年金年額約１００万円の年金受給者と比較すると、国の年金の財源の約8割を年金年額３００万円以上の方々がもっていってしまっているような気がします。

年金財源が1，０００万円しかなければ、1，０００万円×4分の３（３００万円＋１００万円

＝400万円の300万円部分）＝750万円になり、ほぼパレートのいう8割に近づいています。

そして、年金の受給者も元上場企業の従業員や公務員といった方々で、年金受給者数の総数を計算してみると、やはりアバウトでありますが、約2割近くの方々と思われます。

いかがでしょうか。このパレートの法則、私もこれまでいろいろなケースで考えてきましたが、ほぼ一致していると思います。この傾向は、今後益々進展していくのではないでしょうか。

4　老齢年金は受給しない遺族・障害年金グループもある

生の年金と死の年金

ここに登場するのは、年金受給とは考え方が全く相違してくるグループになります。その理由は、老齢年金ではない、夫または配偶者の死亡による遺族年金であるからです。

この年金制度と仕組をいろいろな角度から分析すると、2つの側面で年金制度を考えることができます。それは、生きているときに受給する生の年金、いわゆる老齢年金・障害年金、そして家族が死んだときに受給する死の年金、いわゆる遺族年金です。

この生の年金・死の年金という言葉は、私がつくった造語ですが、この年金制度を考えるには大変わかりやすい考え方でしょう。人生も生と死がありますが、年金も生と死があるわけです。

死の年金

この死の年金について考えてみたいと思います。

遺族年金とは、言葉通りですが、国民年金や厚生年金に加入中、または老齢基礎年金・老齢厚生年金を受給中に死亡したときに遺族に支給される年金のことです。その年金額は、原則、老齢基礎年金は満額で老齢厚生年金は年金額の４分の３です。年金額の75％です。例外もありますが、本書では、あくまでも原則で考えていきます。

年金というと、ほとんどの方は生きているときに受給する年金額のことしか頭の中に考えが浮かんできませんが、死亡したときには遺族に遺族年金が、原則、生涯支給されるのです。

奥様の立場で見れば、愛したご主人の年金は、生涯あなたを助けてくれているのです。

いかがでしょうか。このように年金制度のことを考えると楽しくなってきませんか。

遺族基礎年金の支給

熟年のあなたが、もし、亡くなられたら、仮に厚生年金に加入の方であれば、要件に適合した遺族がいれば、遺族基礎年金と遺族厚生年金が支給されます。

ただし、条件があります。遺族基礎年金は、原則18歳の年度末（3月末）までの子がいる妻（平成26年４月からは父子家庭も対象）か、死亡した人によって生計を維持されていた子が受給対象者になります。

したがって、熟年になれば、18歳以上になっているケースが多いので、受給できないケースの方が多いと思われます。

受給額は、令和2年時点で、妻に781，700円、子供が3人いるときは224，900円（第1子・第2子）・75，000円（第3子）が加算され、合計遺族基礎年金は1，306，500円になります。

遺族厚生年金

これに対して遺族厚生年金は、遺族年金として受け取れる遺族の範囲は広く、次のようになっています。

① 子のある配偶者（夫は55歳以上）または子
② 子のない妻または55歳以上の夫
③ 55歳以上の父母
④ 孫
⑤ 55歳以上の祖父母

この順位で受給権者が決まります。

夫、父母、祖父母は、原則として55歳以上が条件ですが、妻については年齢要件はありません。先ほどの遺族基礎年金は、子のない妻は受給権者になれませんでしたが、この遺族厚生年金はなれるのです。その額は、ざっくりですが、あなたが現在もらえる老齢厚生年金の約4分の3、すなわち75％が受給額になります。

ただし、死亡時点で、年金受給の最低加入期間25年未満の方が死亡したときは、最低保障として３００か月分加入したものとして老齢厚生年金を計算して、その４分の３が遺族厚生年金として支給されます。

あなたが、もし毎月老齢厚生年金を15万円（加給年金額は除く）もらっているのであれば、その４分の３の約11万円が受給されることになります。

もし、死亡したそのとき18歳未満の生計を維持していた子どもが１人いれば、遺族基礎年金月額約８万円と遺族厚生年金の11万円の合計19万円の遺族年金が支給されます。

なお、遺族基礎年金は、子どもが18歳になると支給されなくなりますが、遺族厚生年金は、妻が再婚しない限り生涯支給されます。

ただし、妻が65歳になったときは、夫の遺族厚生年金が多い方や自分の老齢厚生年金が多い方などの次の３つの選択肢の中で、以前は多いほうを選択できるようになっていました。
①　老齢基礎年金＋遺族厚生年金
②　老齢基礎年金＋老齢厚生年金
③　老齢基礎年金＋老齢厚生年金の２分１＋遺族厚生年金の３分の２
しかし、平成19年４月以降は、自分自身が支払った保険料をできるだけ年金額に反映させるため、まず、②を優先的に支給すると改正され、①または③よりも②が低額となる場合は、その差額を遺

族厚生年金として支給されるようになりました。

私の社労士としての経験では、奥さんがキャリアウーマンでない、大半が専業主婦であった方は、夫の遺族厚生年金①のケースが一番年金受給額が多くなるのではないかと思います。

また、遺族年金は非課税でもありますので、税法的にも有利なケースが多いでしょう。

いかがですか。細かい年金の計算方法は本書では省略しましたが、この4分の3の75%をしっかり頭の中に入れていただきたいと思います。

あなたの年金の75%が生涯配偶者の中で生き続ける

熟年のあなたが亡くなっても、あなたの年金は、奥様が専業主婦であれば、原則として、4分の3の75%が生涯奥様の中で生き続けていくのです。

ですから、もし、早く亡くなったとしても、あなたの掛けてきた年金の保険料は無駄にはならないのです、死後も遺族の中で生き続けていくのです。

障害年金

次に、生の年金として先ほどの老齢年金とは趣を異にしますが、障害年金を考えてみましょう。

この障害年金というのは、意外と知られていませんが、これも国民年金か厚生年金の加入条件を満たした方が、障害の状態になったときに支給されるものです。

障害基礎年金は、令和2年で1級が977，125円、2級が781，700円で、18歳未満の子があるときは第1子・第2子は224，900円、第3子は75，000円加算される制度です。

障害厚生年金は、１級・２級・３級と障害基礎年金から見ると３部分の給付があります。これも先ほどの遺族厚生年金と同様、加入期間が25年未満は25年、つまり300月分加入していたとして年金額が計算されます。もちろん、これらの年金受給者が亡くなれば、死の年金である遺族年金が支給されます。

本書では、この生の年金の1つである障害年金については、制度内容も複雑であり、今回の主旨とは相違してきますので、詳細な内容までの解説はこれ以上しないことをお断わりしておきます。

掛けた保険料はムダではない

以上のように、わが国の年金制度は、生の年金である老齢年金・障害年金、そして死の年金である遺族年金に分類すると大変わかりやすいし、生の年金と死の年金の関係性が今までは別々に考えていましたが、頭の中ですぐに連動してイメージすることができるのではないでしょうか。

なので、あなたが若くして死亡したとしても、老齢年金を仮にもらうことがなかったとしても、遺族年金の受給権者がいる方であれば、これまで掛け続けてきた年金の保険料は決して無駄にはならないということが、いくらか理解していただけたと思います。

この国民年金の毎月の保険料や毎月会社の給料から天引きされる厚生年金の保険料については、

多くのマスコミなどで、将来、年金がもらえなくなるとか、このままでは日本の年金制度は破綻するとかいろいろいわれており、本書の読者もそうなのかななどと思っておられる方が多いかもしれません。とくに国民年金の4割未納などといった新聞報道などを見ると、誰でもそのように感じてしまうのが一般的でしょう。

前向きプラス発想でこの年金人生を考えよう

しかし、日本の年金制度は、図表8でもわかるように、平成31年3月末で加入者数4428万人、そのうち国民年金の第一号被保険者数が1471万人となっています。その他の被扶養配偶者を含めて6746万人で年金制度を支えています。

ここで考える点は、国民年金の4割が未納と聞くと大変な気がしますが、制度全体では1471万人の4割は588万人で年金制度の全体の比率から見ると約8・7%です。

また、保険料の一部を税金や会社が負担しており、現役世代から受給世代への賦課方式を採用しており、積立金なども計画的に使って年金給付を行っています。

そして、2004年に、現役世代の減少や受給者の平均寿命の伸びを反映させて毎年の年金の受給額を自動的に調整する「マクロ経済スライド」という仕組みなども導入され、年金制度が破綻しないようになってきています。

したがって、4割が仮に未納でも、年金制度全体で考えれば破綻などあり得ないでしょう。もし、

【図表８　年金制度の仕組み】

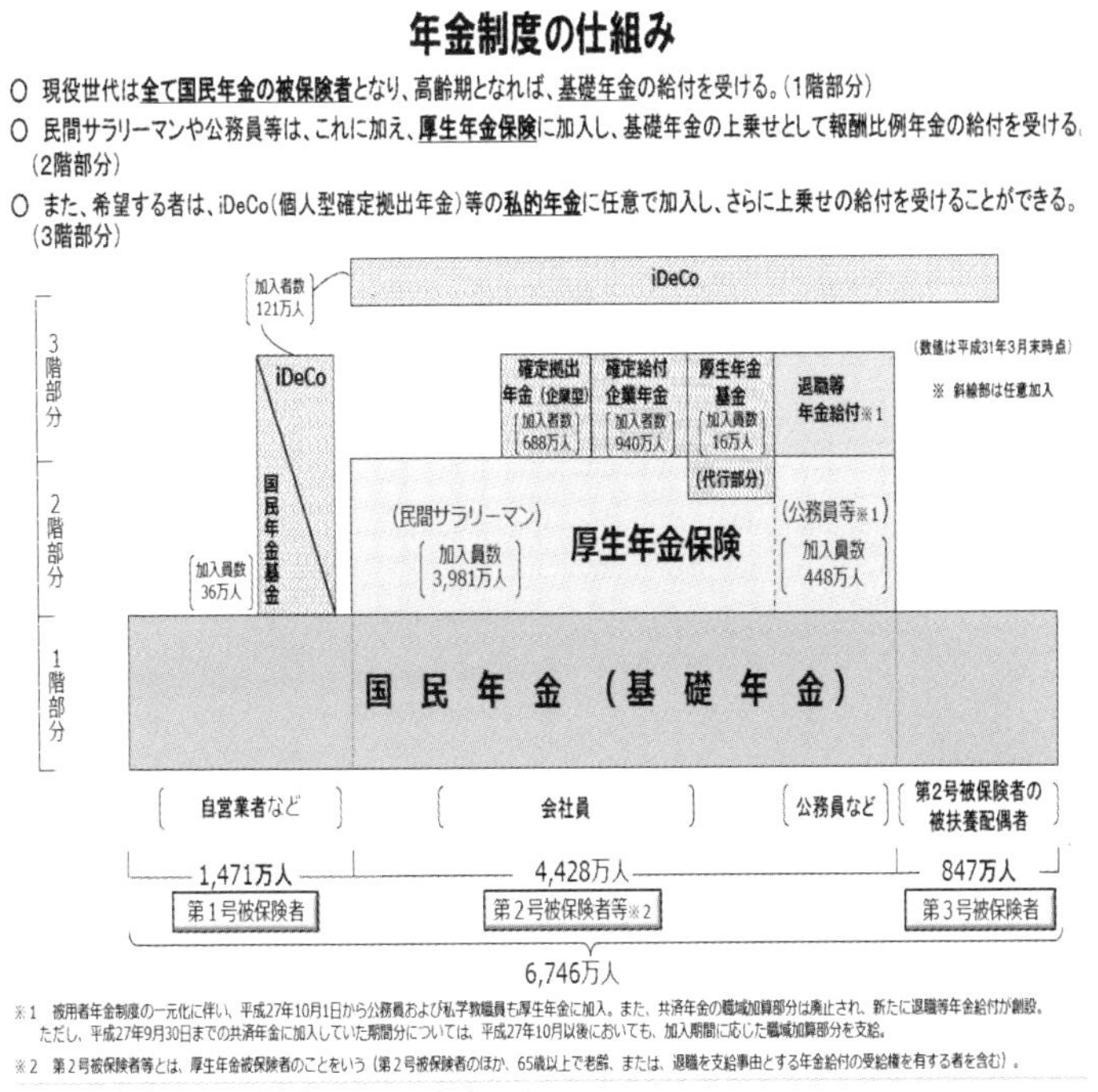

破綻するのであれば、日本国そのものが破綻ということになると思います。

なので、われわれが毎月納付している年金保険料が、会社の株式が倒産により紙屑のようになってしまうようなことは、絶対にあり得ないと確信しています。

また、未納の人は、将来年金額が少なくてすみますので、将来の財源は逆に少なくて済むということも言えます。

このようにマクロ的な視点でも、日本の年金制度は、大丈夫なのです。また、逆にミクロ的な視点で、個人の納付保険料に置き換えて考えてみれば、次章で解説する年金制度の生の年金・死の年金・繰上げ・繰下げなどの〝うちでの小槌〟の活用などを考えていくならば、日々納付している年金保険料は、決して無駄になるということはないと思っています。

この考えには、反対のご意見も多くあるかと思いますが、せっかく日本人として生まれてきた以上、前向きプラス発想でこの年金人生を考えていきませんか。

昨今は、コロナ渦ということで新しい働き方が模索されてきています。人生１００年時代と言われてきていますが、65歳定年で１００歳までとなると35年間の人生設計を考えなくてはいけない時代になってきました。

したがって、破綻という議論ではなく、益々この国の年金制度は国民の老後を考える上で、これまで以上に重要な課題であり、制度となってくるのではないでしょうか。なので、破綻ということは、日本国が破綻しない限り、あり得ないことではないでしょうか。

2章　繰上げ支給と繰下げ支給の魅力
（令和4年75歳繰下げ支給スタート）

1　繰上げ支給の仕組み

年金人生の考え方

私は、地元のある喫茶店で原稿を書いています。この年金制度は、あまりにも複雑怪奇な制度であるため、年金の仕事を生業の1つとしている身としても、いまだにわからないことも多いというのが実感です。

ですから、熟年のあなたと一緒にこの年金制度について考えていきたいのです。不思議なもので、喫茶店などで原稿を書いていると、いろいろなアイデアが浮かんできます。私の頭の中で浮かんできたいろいろなアイデアを記述していきますので、熟年のあなたもどこかの喫茶店で、軽い気持ちでビジネス本を読むイメージで読んでいただけたらと思います。

本書では、一般の年金本のように、頭に汗をかかないとわからないような、難しい年金の仕組みまでは踏み込みません。とにかくあなたの年金人生の考え方の方向性が見えてくればいいと思っています。

熟年のあなた、年金の繰上げ、繰下げ制度って聞いたことがありますか。ほとんどのサラリーマンの方は、聞いたことがあるという程度でしかご理解していないと思います。本書は、年金の制度を事細かに紹介することを目的にしていませんので、複雑な仕組みは省略して基本的な仕組みを解説し、熟年のあなたがどうすれば一番いい選択になるのかの判断の材料の1つになればと思っています。年金の詳細な内容などを解説した書籍は、ほかに多く出版されています。一番確実なのは、最寄りの年金事務所に直接足を運んで、確認されることです。

数年前、当時の厚生労働大臣が、年金の現行で認められている年金の繰下げを選択する際の70歳までの5年から、75歳までの10年まで上限を引き上げる案を提示していることが報道され、話題にもなりました。そのとき、多くの人が、今度は年金は75歳からしかもらえなくなるのではと勘違いしていました。それほどこの繰上げ・繰下げ制度というのは、しっかり理解している方が少ないのが実態です。

これに関しては、法改正があり、令和4年4月からは、年金の繰下げを希望するときは70歳から75歳の選択が可能になりました。

年金の繰上げ・繰下げ制度

それでは、最初に年金の繰上げ制度について考えていきましょう。

この年金の繰上げ・繰下げ制度はある意味年金制度の〝打出の小槌〟ではないかと思います。

また、この制度は、生の年金である老齢年金に認められた制度でもあるのです。

私のケースですと、私の図表1の年金定期便を見ていただければわかりますが、62歳からの年金支給になります、年間約１０２万円、月々約８万円となっています。

もし、私がサラリーマンで、会社を定年60歳で首になり、退職して収入がなく、貯金もなければ、どこかでまた再就職して働かなければ生きていけない状況になってしまいます。

【図表９　どの年齢から受給すれば得策か】

繰上げ請求支給率

60歳	70%
61歳	76%
62歳	82%
63歳	88%
64歳	94%

繰り下げ請求支給率

66歳	108.40%
67歳	116.80%
68歳	125.20%
69歳	133.60%
70歳	142%

（※S16.4.2生まれ以降の人）

原則65歳は100%

どの年齢から受給すればトクか

そうなれば、そうです、年金の〝打出の小槌〟である、繰上げ制度を好むと好まざるとにかかわらず申請しなければならなくなってくると思います。

ただし、この〝打出の小槌〟は、ペナルティーがあるのです。それは、図表９のように年金がマイナスされてしまうというシステムです。

そこで私が、年金事務所で60歳繰上げ支給の試算をしてもらったものが図表10の書類です。

いかがですか。私のケースをよく見ていただきたいのです。

65歳で年金が１６７万円で、５年繰上げなので30％ダウンするかと思っていましたが、実際は１３４万円の約20％ダウンです。

【図表 10　制度共通年金見込額照会回答票】

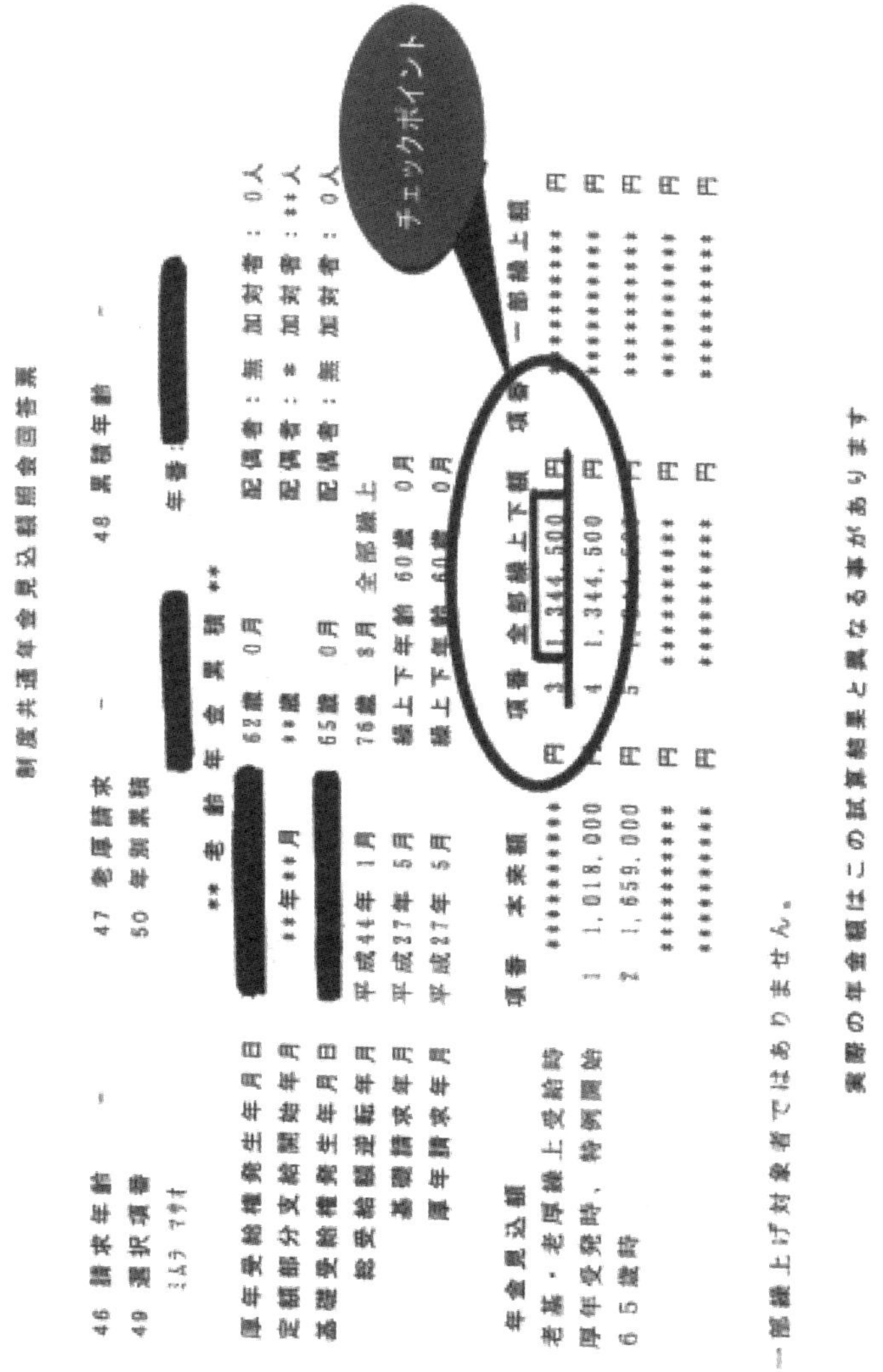

制度共通年金見込額照会回答票

46 請求年齢　－　　47 老厚請求　－　　48 累積年齢　－

49 選択項番　　50 年別累積

ミムラ マサオ　[redacted]　年番：[redacted]

** 老 齢 年 金 累 積 **

厚年受給権発生年月日	[redacted]	62歳　0月	配偶者：無　加対者：0人
定額部分支給開始年月	**年**月	**歳	配偶者：*　加対者：**人
基礎受給権発生年月日	[redacted]	65歳　0月	配偶者：無　加対者：0人
総受給額逆転年月	平成44年　1月	76歳　8月　全部繰上	
基礎請求年月	平成27年　5月	繰上下年齢　60歳　0月	
厚年請求年月	平成27年　5月	繰上下年齢　60歳　0月	

年金見込額	項番	本来額		項番	全部繰上下額		項番	一部繰上額	
老基・老厚繰上受給時		**********	円	3	1,344,500	円		**********	円
厚年受発時、特例開始	1	1,018,000	円	4	1,344,500	円		**********	円
6 5 歳時	2	1,659,000	円	5	[illegible]	円		**********	円
		**********	円		**********	円		**********	円
		**********	円		**********	円		**********	円

一部繰上げ対象者ではありません。

実際の年金額はこの試算結果と異なる事があります

これは、私のケースでは報酬比例部分が62歳からの支給なので、この部分については2年の繰上げとして計算されるからです。

したがって、昭和36年4月2日以降（女性は5年後）生まれの方ですと、報酬比例部分も65歳支給になってきますので、同じように繰り上げた場合は30％年金額はダウンしてしまうことになります。

いかがですか。この繰上げ制度、よく考えてみれば、何の収入もない状態から、この〝打出の小槌で毎年、１００万円近いお金が湧いてくるのです。よく考えてみればこれほどありがたい制度はないかもしれません。生活に余裕のある方であれば、さほど気にならないかもしれませんが、生活に困窮していれば、素晴らしい制度なのです。

年金事務所の知人に話を聞くと、繰上げを選択する方は、とにかく現金が必要なので、ペナルティーのことなど関係がなく、繰上げ請求する方が最近多くなってきているということでした。

この繰上げ制度、いくらかイメージできましたか。

繰上げ制度を選択したら元に戻せない

この機会にご自分の年金が繰上げ選択でいくらになるか、Ｉ度計算してみてください。もし、詳細の確認がしたいのなら、最寄りの年金事務所で相談されてみられれば、正確な年金額がわかると思います。

ただし、この繰上げ制度を選択した場合は、元には戻せないということです。減額された年金額があなたの生涯の年金額になってしまうということです。ここで気になるのは、繰上げした場合と基本の年金受給のケースでは、男性で平均寿命の81歳まで生きるとして、どちらが有利かということです。

この回答は、結論からいいますと、76歳8か月が繰上げ請求より基本の年齢で受給したときがトータルでは逆転して多く受給できることになります。ただし、60歳繰上げでなく61歳のときは77歳8か月・62歳で78歳8か月・63歳で79歳8か月・64歳で80歳8か月と、繰上げの時期によって損益分岐点がずれてきます。

したがって、簡単にいえば、誰も死亡時期がわからないので、どちらの選択が有利であるかはわからないといったほうが正解かもしれません。

しかし、それでは読者の皆さんは納得できないと思いますので、3章でその選択の有効性と、どの選択をすべきかの課題の解決について解説します。

繰上げ請求すると障害年金が受給できない

また、ここで注意していただきたいのは、原則、繰上げ請求を選択すると、障害状態になっても障害年金が受給できないということです。

例えていえば、心臓が悪く、心臓のペースメーカーをしたとすれば、程度にもよりますが、障害

1級に該当することがあります。障害1級に該当すれば、年金額が1・25倍に増額されて、毎年、非課税で障害年金を受給できます。

このような障害になるかもしれないと思われましたら、繰上げ請求には慎重な判断が必要ではないかと思われます。また、実際に繰上げ選択をするときには、年金事務所でよく詳細なデメリットまで確認してからじっくり考えて選択すべきです。

また、65歳に達する日の前日までに、例えば最近ではうつ病とか統合失調症、知的障害などの精神・知的障害や糖尿病、がんなどの生活や仕事が制限される状態になれば障害認定されることもありますので、気になる方は繰上げを選択しないほうがいいかもしれません。

2　繰下げ支給の仕組み（令和4年75歳繰下げ支給スタート）

長生きする方にはありがたい制度

この項では、年金の繰下げ制度について考えてみたいと思います。先ほど述べた当時の厚生労働大臣が触れた制度です。

過日、80歳の先輩の社会保険労務士の方と年金の話をしていたとき、大変興味深いことを聞きました。社会保険労務士の仕事をして、年金研究会に入会し、毎月勉強して一番よかったことは、ご夫婦で65歳年金支給開始を繰下げ選択して70歳から受給したことだと、しみじみ語られたのです。当時の制度ですから、加算額も今より優遇されており、65歳支給開始年金額より約1・8倍の年金を受給しているとのことでした。

現在でも、まだ、繰下げ制度の活用は本当にまれですが、先輩の社会保険労務士の方は、この制度はこの仕事をしているからわかったけれども、この仕事をしていなければ知らなかっただろうとしみじみ話されていました。

このように年金の繰下げ制度は、85歳・90歳と長生きする方には、これほどありがたい制度、いわゆる〝打出の小槌〟はないのではないかと思います。

【図表11　令和4年改正後の繰上げと繰下げの支給率】

繰上げ請求支給率

60歳	76.0%
61歳	80.8%
62歳	85.6%
63歳	90.4%
64歳	95.2%

繰上げ月数の0.5%から0.4%へ減額

繰下げ請求支給率

71歳	150.4%
72歳	158.8%
73歳	167.2%
74歳	175.6%
75歳	184.0%

75歳までの月数の0.7%増額

繰下げ受給の上限年齢が75歳に

この〝打出の小槌〟の繰下げ繰上げ制度ですが、令和2年5月に成立した年金制度改正法により、図表11のような内容で令和4年4月から施行されることになりました。

したがって、65歳時に年金月額が仮に10万円の方が、10年間繰下げ選択をするとすれば18万4，000円になってくるということです。

これまでは、70歳までの5年間の繰下げで14万2，０００円が上限だったものが18万4，０００円まで年金月額を増額させることができるようになったのです。ざっくり10年で倍ということです。

ただし、現在でも、現実的には、繰下げ選択をしている方は、約1％しかおらず、ある程度生活に余裕のある人しか、繰下げ選択したくてもなかなか現実問題できない方が大半ではないかと思われます。

【図表12　高齢者の推移と就業率・社会保障給付費の推移予測】

50年間の変化	1989年（平成元年）	2040年（令和22年）
高齢者数（高齢化率）	1489万人（12.1％）	3921万人（35.3％）
出生数	125万人	74万人
その年の65歳の人が90歳まで生きる確率	男性22％ 女性46％	男性42％ 女性68％
30～34歳の女性の就業率	49.60％	83.40％
60～64歳の就業率	52.30％	80.00％
社会保障給付費	47.4兆円	188.2兆円～190.0兆円

出所：厚生労働白書　　2040年は推計

ところで、今年度の厚生労働白書によれば、図表12のように令和22年度にはその年に65歳になる男性が90歳まで生きる確率が42％で女性が68％ということです。

令和22年に65歳ということは現在43歳の方たちです。これらのデータを見ると、昨今言われ続けている人生１００年時代が間近に、実感として感じられるのではないでしょうか。

65歳から人生１００年と考えると、この35年間の間の人生の中で、年金の繰下げ選択ということも今後十分社会の中で検討されてくるのではないかと思います。

ただし、繰下げにより年金収入が増えると、税金や国民健康保険・後期高齢者医療保険の保険料、介護保険料の負担も増加してきますので、その点の注意も必要となってきます。

また、今回の改正では、同時に繰上げの減額率も0・5％から0・4％にダウンしましたので、今後繰上げ選択する方が増加していくかもしれないと思います。なぜなら繰上げにより、本来受給との損益分岐の年齢は、77歳から男性平均寿命のおよそ81歳までに伸びることになってくるからです。

私のケース

ここで、私のケースをご紹介します。年金事務所での繰下げ受給のシミュレーションは、図表13の内容です。

私のケースですと、70歳から繰り下げると、年金年額は約２３５万円、年金月額は約20万円となっています。また、68歳繰下げで計算すると、年金年額は約２０９万円で、年金月額は約17万円となります。

これが生涯継続して偶数月の15日には約40万円が銀行に振り込まれてくるわけです。すごいことです。

仕事がら年金受給者の方とお話していると、不思議と年金の悪口を言われる方が少ないのには驚かされます。年金保険料を支払っている方は、将来年金なんかもらえなくなってくるとか、生活保

【図表 13　制度共通年金見込額照会回答票】

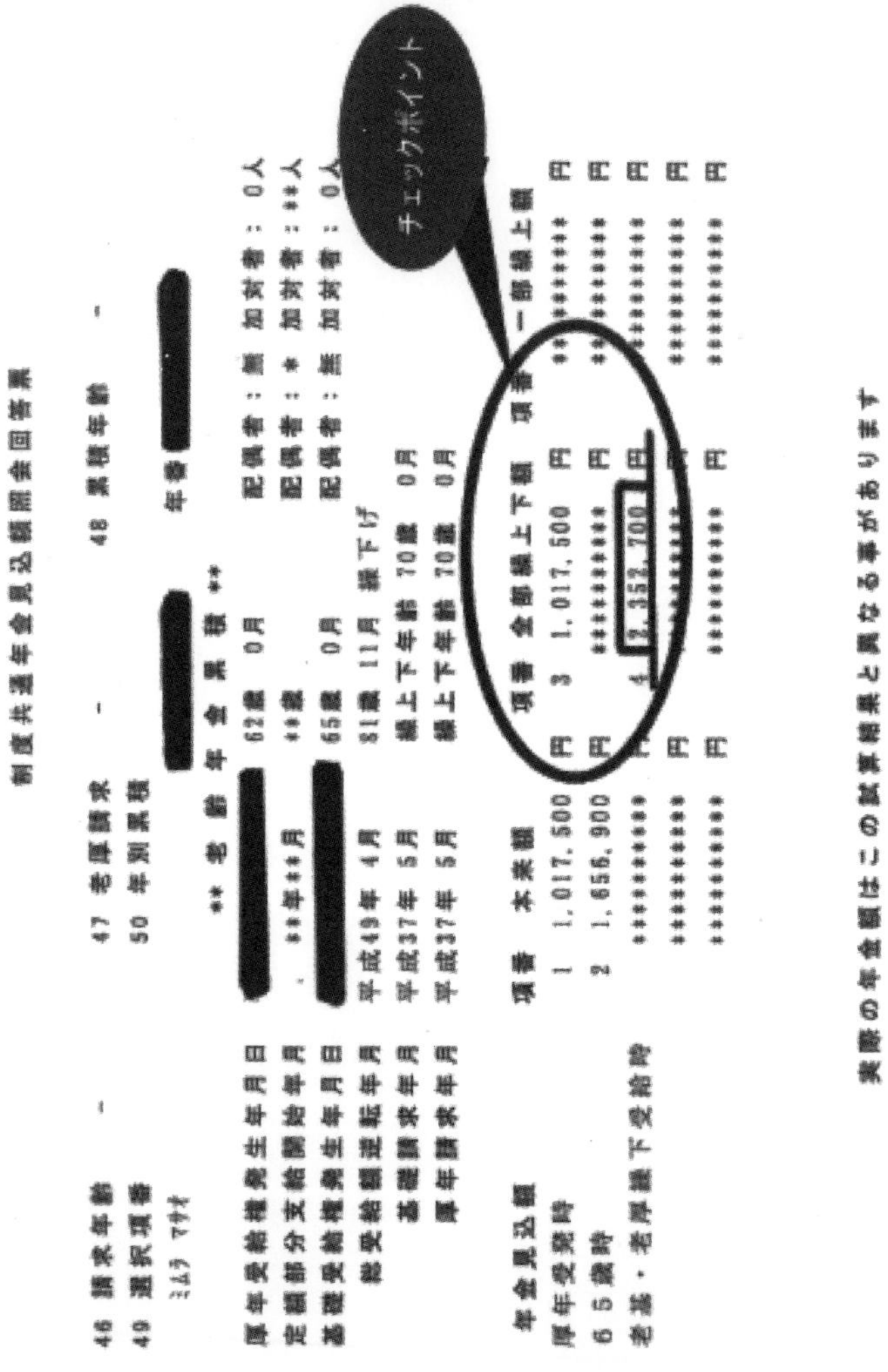

制度共通年金見込額照会回答票

46 請求年齢	-	47 老厚請求	-	48 累積年齢	-
49 選択項番		50 年別累積			
ﾐﾑﾗ ﾏｻｵ		[redacted]		年番	[redacted]

** 老齢年金累積 **

厚年受給権発生年月日	[redacted]	62歳　0月	配偶者：無　加対者：　0人
定額部分支給開始年月	**年**月	**歳	配偶者：＊　加対者：**人
基礎受給権発生年月日	[redacted]	65歳　0月	配偶者：無　加対者：　0人
総受給額逆転年月	平成49年　4月	81歳　11月　繰下げ	
基礎請求年月	平成37年　5月	繰上下年齢　70歳　0月	
厚年請求年月	平成37年　5月	繰上下年齢　70歳　0月	

年金見込額	項番	本来額	項番	全部繰上下額	項番	一部繰上額
厚年受発時	1	1,017,500 円	3	1,017,500 円		********** 円
６５歳時	2	1,656,900 円		********** 円		********** 円
老基・老厚繰下受給時		********** 円	4	2,352,700 円		********** 円
		********** 円		********** 円		********** 円
		********** 円		********** 円		********** 円

実際の年金額はこの試算結果と異なる事があります

護を受ければいいとかと文句を言われますが、受け取る側になると、ほとんどの方がとたんに気持ちが変わるようです。

やはり、現金の力は大きいと教えられる気がします。

仮に、毎月国民年金の老齢年金が約6万円強だとしても、偶数月には2か月分の約13万円が、必ずあなたが生きている限り支給されるのです。しかも、何もしなくてもあなたの口座に支給されるのです。

年金のすごさ

やはり、これが年金のすごさであり、魅力であると思います。

しかも、65歳以降は、年間110万円までの年金額などの雑所得については非課税です。

このように考えてみると、70歳まで現役で働き、70歳から年金を受給するといった選択は、先ほどの老齢基礎年金だけで見ても月6万円は8・5万円になり、偶数月にあなたの口座に2か月分の約13万円が17万円になってあなたの人生を支えてくれます。おそらく、年金を受給するときになって、年金の繰下げを選択したことを本当によかったとしみじみ思うのではないかと思います。

20年後も果して受給できるか

ところで、ここで解説した繰下げ制度や先ほどの繰上げ制度を考えるうえで重要な視点、ポイントがあります。

そうです、現在のシミュレーション年金が、20年後・30年後、社会経済の変動の中で果して受給できるかどうかという問題です。

熟年のあなたは、この質問に対してどのようなお考えをお持ちですか。仮に繰上げ支給で、65歳

【図表14　年金の将来見通し】

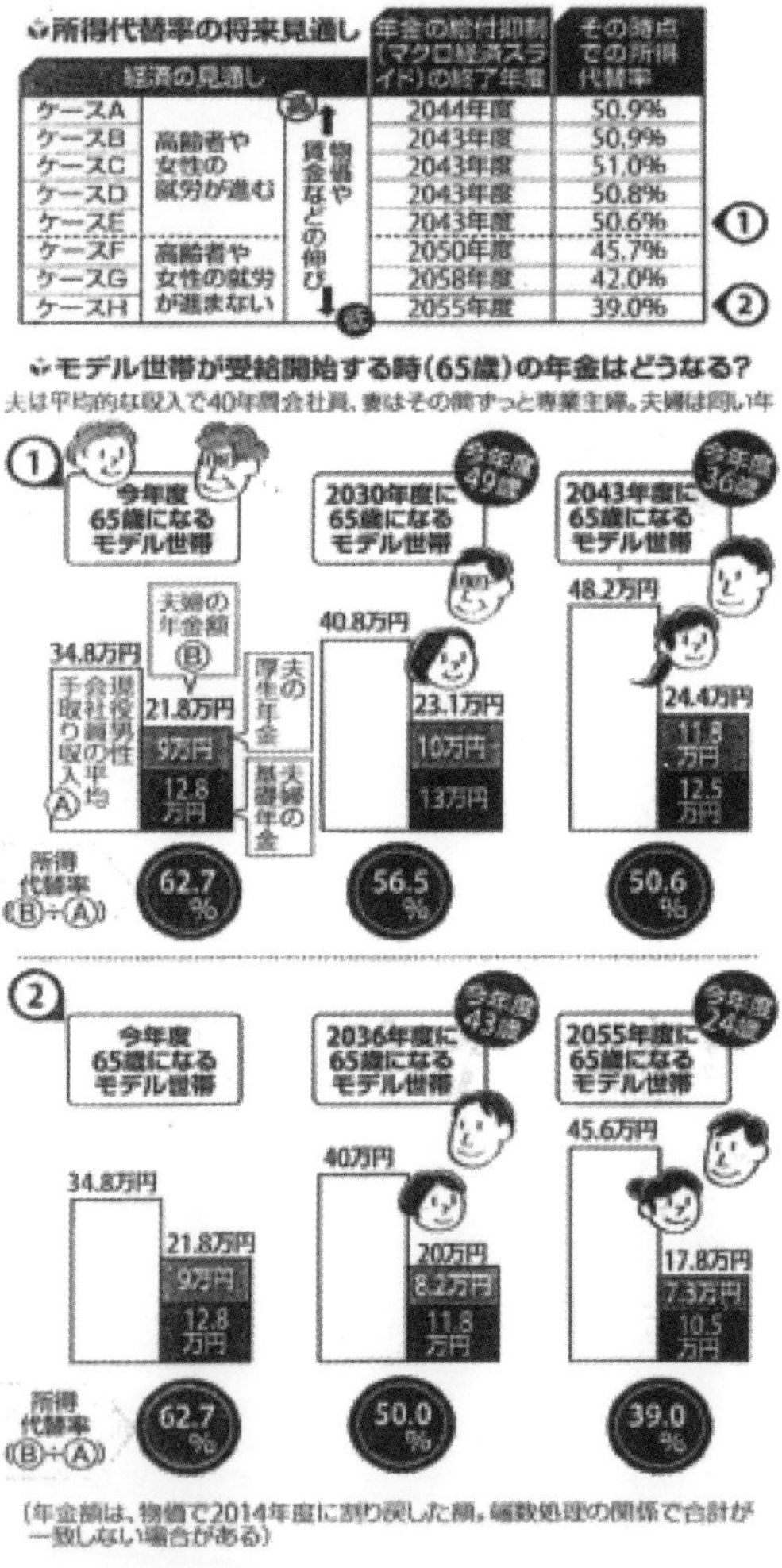
所得代替率の将来見通し

経済の見通し			年金の給付抑制（マクロ経済スライド）の終了年度	その時点での所得代替率
ケースA	高齢者や女性の就労が進む	高↑ 物価や賃金などの伸び	2044年度	50.9%
ケースB			2043年度	50.9%
ケースC			2043年度	51.0%
ケースD			2043年度	50.8%
ケースE			2043年度	50.6% ①
ケースF	高齢者や女性の就労が進まない		2050年度	45.7%
ケースG			2058年度	42.0%
ケースH		↓低	2055年度	39.0% ②

出所：読売新聞2014年6月4日記事より

支給を60歳支給で3割ダウンした年金を受給したとしても、20年後2割年金額がダウンしてしまうのであれば、年金は繰上げ支給を選択したほうが有利であるとする意見も出てくると思います。

ここで、2014年の国の財政検証の結果に対する読売新聞の記事が6年前の記事ですが大変わかりやすいので図表14でチェックしてみましょう。

政府の経済予測で見ると

熟年のあなたは、図表14のケースA〜Hのどれを日本は辿っていくと思いますか。

私の予想ですが、政府の予想している経済が高齢者や女性の就労が比較的順調なA・Bコースは厳しく、ケースEあたりがやっとではないかと思います。熟年のあなたは、政府予想と比較してどう予想されますか。

一般的には、財政検証の様々な経済前提の中でよく活用されるのがケースEです。図表14のようにケースEでは所得代替え率の減少は、約63%から約51%の12%ポイントの減少です。ケースHでは約63%から約39%の24%ポイントの減少です。よく将来の年金は2割前後減少するといわれるのは、このような所得代替率の視点からきているのです。

ケースEでは12%ダウンですが、2043年度の年金額は244．000円と218．000円から上昇しています。これは、ここでの受給額が物価上昇分を割り引いて現在の価値に直した金額だからです。

ちなみに、この経済の予測というのは、実際誰もわかりません。あくまでも仮説です。

この所得代替率とは、平均的なサラリーマンの収入で40年間働いた会社員の夫と、同じ年で専業主婦の妻というモデル世帯を設定し、夫婦それぞれの基礎年金と夫の厚生年金の合計額を出し、この夫婦が65歳で年金を受け取り始めるときの額がそのときの現役男性の平均手取収入（ボーナス込み）の何割に相当するかの数字です。

したがって、所得代替率50％超とは、モデル世帯が65歳のとき、現役男性の収入の半分を超える年金があることを示しています。

掲載の新聞記事には、年金額は２０１４年度の物価で割り戻した額なので、ケースEでも見かけの年金額はモデル世帯の２１８，０００円から２０４３年度には２４４，０００円で増加しているように見えますが、この物価の割戻しを考えなければ、２１８，０００円は約１割ダウンして１９６，０００円になってしまうということも十分予想されます。いかがですか。

今後、経済状況によっては、年金が2割近くダウンしてしまう可能性もなきにしもあらずということです。

仮に16年後に約1割、29年後に約2割ダウンしているとすれば、年金の繰上げ支給を選択して、所得代替率のダウンが少ない期間で、５年間で年金額５８０万円なりを受給するという繰上げの選択は、いろいろ個人の事情・考え方もありますが、令和４年の減額率０・５％から０・４％への緩和への改正もあり、今後一考に値するのではないでしょうか。

3　熟年離婚で年金分割されて厚生年金が減額されたら取り返す方法はないのか

現在の年金分割の実態

このような年金の〝打出の小槌〟を考えるのに、平成19年4月からは男性には大変厳しい、厚生年金の離婚による年金分割制度がスタートしました。

これはどのような制度かというと、婚姻期間中の厚生年金の保険料納付記録が、夫と奥様の部分を合算して原則折半して多いほうから少ないほうに移管されてしまうというものです。

合意が必要とされていますが、合意できないといっても、調停まで話が進めば、そのほとんどが5割折半で合意せざるを得ないのが現在の実態のようです。平成20年4月以降の第三号期間は、請求するだけで自動的に分割されることになっています。

本書を読んで、将来の年金をどのように選択すべきかを考えられたかと思いますが、ここで私が言いたいのは、その前提がこの熟年離婚によって大幅に狂ってしまう方も出てくるということです。

奥様が婚姻期間中に働いていたか、専業主婦でいたかで、万が一今や社会問題の1つともいわれかけている熟年離婚、コロナ離婚にでもなれば、多い人で毎月6万円から少ない人で2万円くらいの間で、あなたのこれから受給しようという年金が、生涯減額されてしまうのです。

40年間専業主婦で、ご主人がある程度のサラリーマンであったなら、約6万円前後あなたの厚生年金は減額になると思ったほうがいいと思います。

いかがですか。この熟年離婚やコロナ離婚は今や、昨今のコロナショックも重なり、突然奥様から突き付けられるようです。するとあなたの財産、家や預貯金など婚姻期間中に築きあげた財産は、原則折半です。あなたの自宅も奥様にとられてしまうこともあるわけです。

シミュレーションで概算イメージ

ここで、いくらくらい年金額がマイナスになるのか簡単なシミュレーションをしたいと思います。自分のケースはいくらくらいか、概算額はつかめます。

例えば、私のケースでは、年金定期便の報酬比例部分が年金年額で約102万円となっています(図表1参照)。これが厚生年金部分ですから、仮に妻との婚姻期間が私の厚生年金加入期間の半分として、妻がその間専業主婦で、妻の厚生年金加入期間がないと仮定すれば、私の約102万円の年金の半分である51万円が分割されると考えられます。51万円は、月額で約4万円に該当します。

図表15の年金分割の早見表を見ていただければ、第一号改定者(ご主人)の欄の年金月額の10(4)万円の欄になってきます。次に、第二号改定者(妻)の欄は、専業主婦で婚姻期間中の報酬比例部分の年金はないので6(0)万円の欄になります。結果、その交差する欄を見ると20,000円です。

これがザックリした年金分割による年金の減額の金額です。実際の年金分割では、このような計算ではありませんが、概算はイメージできるのではないかと思います。

逆に、婚姻期間中、奥様がご主人よりも高い報酬で働いていたときなどは、奥様からご主人に年

【図表 15　離婚年金分割早見表（簡易版）・分割割合 50%の場合】

《第一号改定者（ご主人）の減少月額》

短い ⟸ 婚姻期間 ⟹ 長い

年金月額合計	8(2)万円	10(4)万円	12(6)万円	14(8)万円	16(10)万円	18(12)万円	20(14)万円
6(0)万円	10,000	20,000	30,000	40,000	50,000	60,000	70,000
8(2)万円	0	10,000	20,000	30,000	40,000	50,000	60,000
10(4)万円	0	0	10,000	20,000	30,000	40,000	50,000
12(6)万円	0	0	0	10,000	20,000	30,000	40,000
14(8)万円	0	0	0	0	10,000	20,000	30,000
16(10)万円	0	0	0	0	0	10,000	20,000
18(12)万円	0	0	0	0	0	0	10,000
20(14)万円	0	0	0	0	0	0	0

専業主婦 ⟹ パート ⟹ 正社員

第二号改定者【奥様】の増加月額

金分割で渡さなければならないということもあります。
あなたの年金定期便の情報からは、このようなことまで考えることができるのです。

熟年離婚は2階建ての2階部分を破壊

このように、熟年離婚は、あなたの年金人生の2階建ての家の2階部分を破壊してしまうのです。また、コロナ渦においては、テレワークなどの普及によりストレスが増して、コロナ離婚などというケースも多発しています。さらに、65歳時点で65歳未満の年収850万円で生計維持されている奥様がいれば、年間約39万円という加給年金も受給できなくなってしまいます。

したがって、年金受給という年金人生の中で、死というリスク以外では、この熟年離婚は最もリスクの高い出来事ではないかと思います。この熟年離婚は、一般の離婚とは趣を異にしており、夫婦の長いストレスが溜まりに溜まり、ある日、何かのきっかけで爆発するといったケースが多く、予測が難しく、そのほとんどが離婚に至っているようです。

この熟年離婚に至らないため、日常、夫が家事を手伝うなどの取組みと熟年離婚に関しては、私の出版した「熟年離婚と年金分割　熟年夫のあなた、コロナ離婚などないと思い違いをしていませんか」(セルバ出版)に詳細に紹介していますので、心配な方はご参考にしていただければ幸いです。

ただし、打出の小槌の1つである、年金の繰下げ制度を選択すれば、年金の2階部分を取り戻すことは可能かと思います。なぜなら、月額20万円の方であれば5年据え置いて70歳からの選択にすれば、年金月額28万4，０００円となり、年金分割で失われた年金分は取り戻せるからです。

ただし、5年間という期間をどのように生きるかという課題が残ってきます。

分割年金をもらう例

これまで年金を分割される側に立ってお話してきましたが、年金をもらうほうは、逆に年金人生の2階部分に部屋を増築できるわけです。

ただし、奥様がご自分の厚生年金部分が2万円ほどから6万円ほど増加したとしても、ご主人が死亡されて、ご主人の老齢年金の4分の3を受給したほうが、年金額トータルとしてみれば多くなるケースが多いようです。奥様の専業主婦の期間が長い方はこのケースが大半かと思います。

また、何といっても遺族年金は全額非課税です。この税法の視点で見ても、遺族年金の有利性が高いケースが多いのではないでしょうか。

4　繰下げも繰上げも選択しない本来受給

繰下げも繰上げも選択しない人

前項で年金人生の最大のリスクをお話しましたが、年金は、大半の熟年の方は前章の表のように決められた年齢から受給していきます。これを本来受給といいます。打出の小槌など選択することも考えないで、年金人生の2階建て・3階建ての家に住んで人生を終える方がほとんどだということです。

厚生省の調査（２０１６年度）によれば、国民年金の場合、現在、繰上げ受給しているのは全体の20・５％となっており、毎年減少傾向にあります。逆に、繰下げ受給を選択している人は、国民年金が１・４％で厚生年金が1％と毎年同じような比率で推移しています。このように繰下げを選択するケースは、現在は１００人に１人といった状況で非常に少ないというのが現状です。

令和3年4月1日からは、高年齢者雇用安定法の改正で本人が希望すれば定年が65歳、以後70歳まで働くことができるという努力義務が事業主に課せられますが、65歳以後も働くことが一般的になりつつあります。

このような法律の改正も予定されており、昨今の人手不足も考慮して、従業員を65歳以後も再雇用している会社が多くなってきているようです。このような流れが、年金の繰上げ選択の減少にも連動し、65歳の本来受給が大半となってきたのではないかと考えます。

繰上げ受給など思い及ばない

ちなみに、私のケースでは、図表1の年金定期便にあるように、62歳から報酬比例部分の年金が年金年額約１０２万円となっています。

私は社会保険労務士の仕事を本業としているから別ですが、事例のような年金定期便が送付されてくれば、一般的なサラリーマンの方であれば、基本的に年金の打出の小槌である繰上げ受給などは思いつかないはずです。

このようなこともあり、大半の方が本来の年齢から年金を受給することにつながるのではないでしょうか。熟年のあなたも本来の年金受給のケースしか頭の中になかったのではないかと思います。

本来受給との比較

それでは、本来の年金受給と、年金の繰上げ請求や繰下げ請求といった選択と比較して、どのようにとらえたらいいか考えてみましょう。

私がいろいろ調べてみると、年金制度の様々な対応を考慮すると、本来受給であれば障害年金に対応できるなど、選択肢が多いというのはいなめない事実であるかなと思います。

例えば、繰上げ請求をいったん選択すると、やがてうつ病や心臓病などによりペースメーカーなどの障害の状態になっても、障害年金には変更できないといったことなどがそれです。障害年金1級ともなれば厚生年金の1・25倍給付となりますが、それに変更できないわけです。

また、日常の社会保険労務士の仕事を通して、年金の相談などを受けても、意外とこの年金の繰上げ・繰下げ制度はもちろん、厚生年金と国民年金の区別さえわからない方が多いのには驚きます。

さらに、年金受給者で、奥様が通帳を管理しており、自分がいくらもらっているかもわからないといった熟年の方も多いのにも毎回驚かされます。熟年のあなたも、本書で初めて、年金の打出の小槌や、年金の支給開始年齢のことをご理解される方も多数おられることでしょう。

一方、政府にしても、現在、厚生年金の受給者の大半の方は、本来コースを選択していますが、この人たちが繰上げ請求してきたら、財政難になり大変です。

したがって、年金人生において〝打出の小槌〟を選択していくか、本来コースで生きていくかは、個々の状況で相違してくるので、どれが有利・不利などと判断できるものではないと思います。

死亡時期を特定して年金人生を考えていくことで明確になる

この章では、年金の〝打出の小槌〟などの制度内容を記載してきました。次の3章・4章では、具体的に死亡時期を特定して計算します。私自身も頭の中がスッキリした感じです。

これまでは、年金相談などの現場でも、この繰上げの問題になると、「77歳が損益分岐点ですが、いつ死亡するか誰もわからないので繰上げ・繰下げ・本来のどのコースがよいのかは実は誰もわからないのですよ」としか回答できないでいました。

また、年金関係の多くの本もこの損益分岐点の部分の解説がほとんどでしたので、ここの部分が今まで自分としてもスッキリしていなかった箇所だったのです。なので、次章からの死亡時期を特定して年金人生を考えていくということは、今後の年金相談の現場でも応用ができると思いました。

熟年のあなたは、どのように思われましたか。プロである社会保険労務士の私でさえ、ここの部分は明確にイメージできなかったわけですから、読者のあなたがわかるわけがないですね。だから、本書を買ったのだとのあなたの声が聞こえてくる気がします。

3章

死亡時期により大きく変わる生の年金「老齢年金」と死の年金「遺族年金」４つのタイプ・その1

男性昭和30年４月２日以降昭和36年４月１日までに生まれた方・女性昭和35年４月２日以降昭和41年４月１日までに生まれた方のケース

1　男性昭和30年4月2日以降昭和36年4月1日までに生まれた方・女性昭和35年4月2日以降昭和41年4月1日までに生まれた方のケース

年金の損益分岐点

熟年のあなたは、生の年金である老齢年金を有利に受給するために一番に思う繰上げ請求・繰下げ請求をどのように活用すればいいのかと思われていることでしょう。その答えがほしいから本書を買ったんだといった読者の方も多いのではないかと思います。

この章では、年金の年金受給の生の年金のシミュレーションを65歳死亡・70歳死亡・80歳死亡・90歳死亡といった、死亡時期を特定して逆算して、年金受給の有利性を考えてみましょう。

哲学的にいうならば、多くの事実から類似点をまとめ上げることで、結論を引き出そうとする帰納法的な考えで、この年金の生の年金と死の年金について考えていきます。多くの年金の本は、損益分岐点は77歳とか82歳とか、図表16～18のような解説をしています。

死亡時期を特定して逆算で年金を考える

このようなシミュレーションを見ると、75歳とか77歳とか82歳とか、その年齢以上生きるかどうかで年金受給の面での損・得がよくわかってきます。

【図表16　国民年金のケース】
（令和2年度の価格で単純計算）

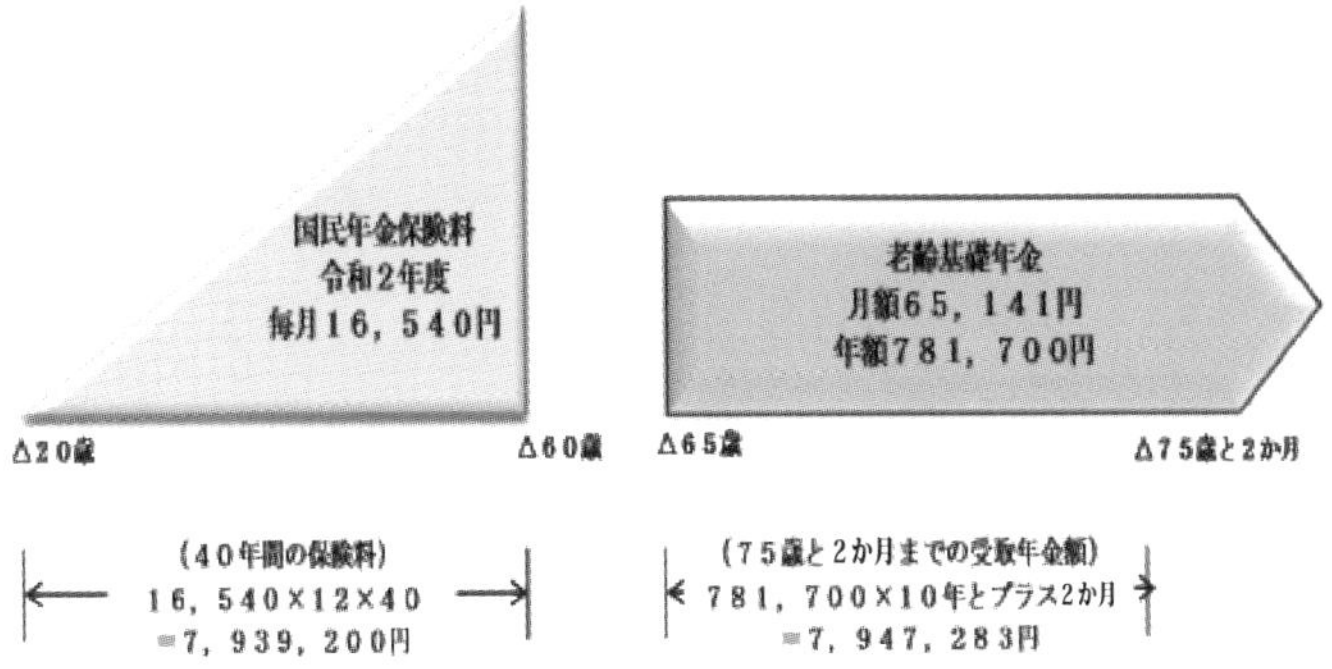

損益分岐点の年齢　　65歳から10年と2か月で75歳と2か月

【図表17　繰上げ請求のケース】
（令和2年度の価格で単純計算）

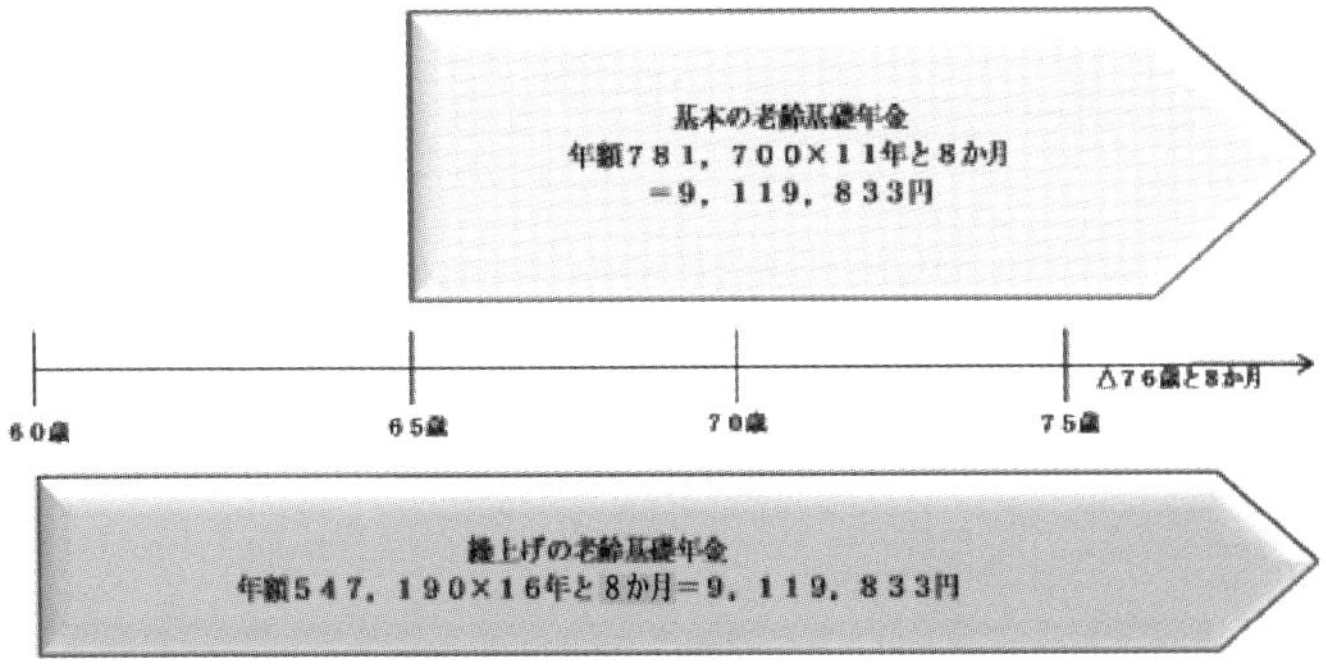

損益分岐点の年齢76歳と8か月以上で本来コースが繰上げ請求より多くなってくる。
令和4年の4月からは減額率の改正によりおよそ81歳より本来コースが繰上げ請求より多くなってくる。

【図表18　繰下げ請求のケース】
（令和2年度の価格で単純計算）

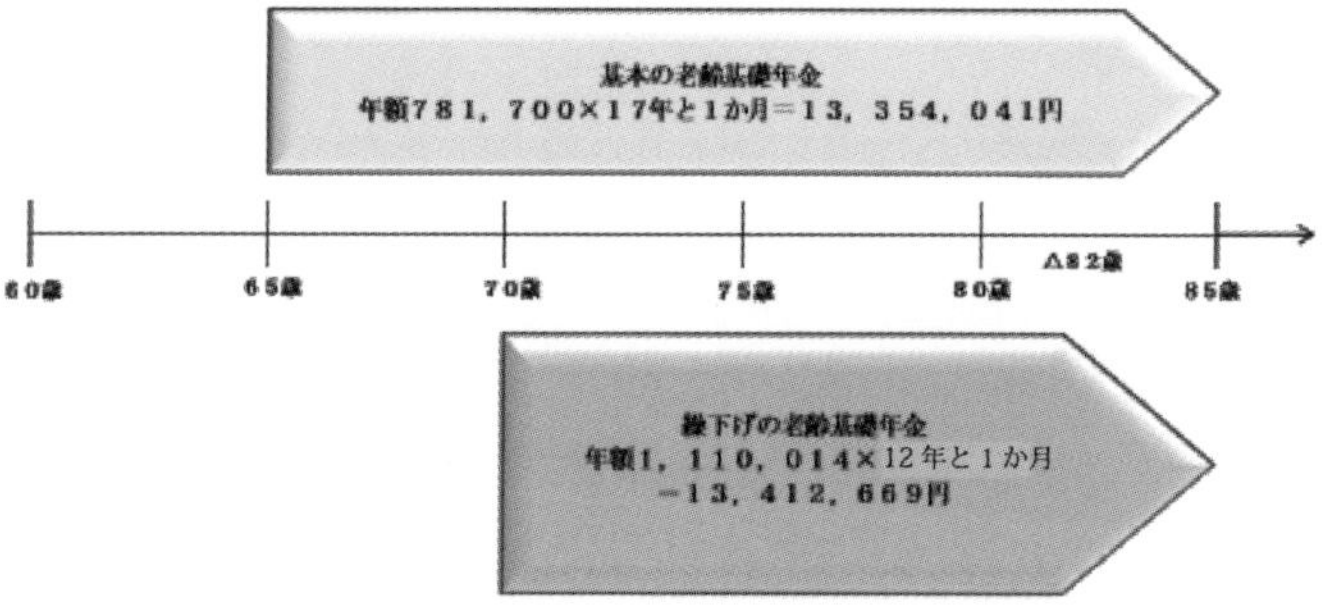

損益分岐点の年齢82歳と1か月以上で繰下げ請求が本来コースより多くなってくる。
令和4年4月からは75歳繰下げを選択すると損益分岐点はおよそ87歳より繰下げ請求が本来コースより多くなってくる。

また、多くの年金の本は、熟年男性が死亡したとき、死の年金である遺族年金が遺族である奥様に支給されることにまで注目している本も少ない気がします。

私は、この年金制度を考える際に、早く死亡したら損であるといった短絡的な視点でなく、もし、早くあなたが死亡しても、遺族である奥様にあなたの死の年金は受け継がれていくという考えがあれば、決して早く死亡したから損だといった単純な考え方でこの年金制度を考えるべきではないと思っています。

私は、このような視点から、本書ではあえて死亡時期を特定して、年金人生を考えてみます。

また、このように、死亡時期を特定して逆算して年金制度を考えていくといった、年金の本もこれまでなかったかと思います。

本書では、男性は昭和30年4月I日・女性は昭和35年4月1日以前生まれの方に関しては、既に年金も受給されておられますので、シミュレーションの対象には含めておりません。含めると読者の皆さんは、ますます年金の理解が難しくなってくると思いますので、考えていないことを付記しておきます。

2　死亡時期65歳、あなたの生の年金と死の年金　生きてるうちに考えよう！

本来のケース

本来のケース（図表19）は、私の年金定期便からシミュレーションしています。本書の配偶者の加給年金は、仮に私より5歳年下で生計を維持する一般的な専業主婦である年収８５０万未満のケースを考えてあります。

また、本書の中で紹介するシミュレーションは、私の年金定期便のデータを活用していますので、一般的な厚生年金加入者のケースになります。したがって、シミュレーションは、共済年金とか、厚生年金基金の部分までは含んでいません。

このようなケースで繰上げ選択をすると、報酬比例部分は62歳からの繰上げ計算で、老齢基礎年金のように65歳からの繰上げ請求の計算方法とは変わってきます。

また、65歳から5年間は妻の加給年金が加算されるので、年金が年額約39万円多くなります。65歳で年額約２０５万円、年金月額約17万円です。70歳からは、妻が老齢基礎年金を受給するため、

【図表19　本来のケース】

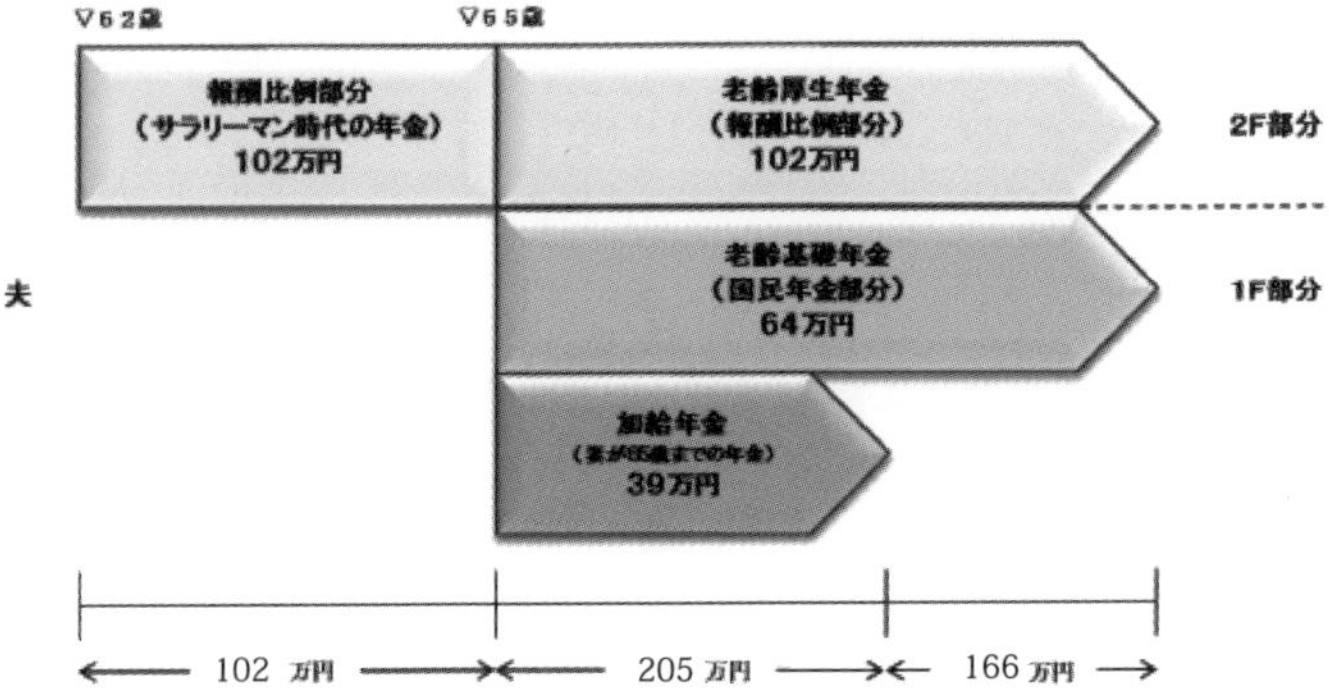

60歳で繰上げを希望すると

老齢厚生年金は　　0．5％×24か月＝12％の減額（支給開始年齢が基準）

老齢基礎年金は　　0．5％×60か月＝30％の減額

65歳のとき70歳繰下げを希望すると

老齢厚生年金は　　0．7％×60か月＝42％の増額

老齢基礎年金は　　0．7％×60か月＝42％の増額

加給年金が支給されなくなり、年金年額約166万円、月額で約14万円とダウンします。もし、70歳時点でこれだけしか収入がないとすれば、この年金だけでは老後の生活は大変厳しいものとなります。読者の皆さんはいかがですか。この現実は、しっかり考えておく必要があります。

ちなみに、現在の日本の老齢厚生年金受給の全体平均受給額は、厚生労働省年金局のデータでは平成28年度で基礎年金額を含んで月額14万6，000円となっています。

このデータからわかるように、私の年金のデータは、日本の厚生年金受給者の平均的なレベルです。ですから、私のデータよりも金額が多い方は、平均よりも上の水準に近づいています。本書で私のデータをもとに解説すべきかどうか迷いましたが、平均的水準であろうということで、私のデータを活用しました。実際の生のデータでのお話ができれば、読者の方にも真剣に読んでいただけるし、私自身も真剣に考えるきっかけになりますので、私自身のデータを活用させていただきました。ご理解いただけたら幸いです。

なお、本書では、配偶者妻は婚姻期間中は専業主婦で年収850万円未満の方で、振替加算とか経過的寡婦加算額などは今回のシミュレーションでは計算に入れていません。あくまでも、基本のパターンでシミュレーションしてあります。

年金制度は、例外事例なども取り扱うと複雑すぎて読者の皆さんもわけがわからなくなってきます。なので、今回のシミュレーションでは、ザックリイメージがご理解していただければとの思いで計算してあります。

例えば、私の62歳からの報酬比例部分の金額は1，025，400円となっていますが、シミュレーションでは102万円として計算してありますので、年金事務所の繰上げとか繰下げの計算データとはいくらか相違してきます。

遺族年金については、専業主婦（厚生年金加入期間なし）が前提ですので、奥様の65歳以降の老齢厚生年金は原則として支給されないものとしてシミュレーションしてあります。本書では、あくまでも基本的なパターンでのシミュレーションをしています。例外事項は、原則、記載してありませんので、ご自分の年金などに当てはめて考えるときは、念のため年金事務所などで自分の耳と目で確認することをおすすめします。

65歳死亡時の本来の年金受給と60歳繰上げ

次に、図表20、21では、最初65歳で死亡したときの本来の年金受給のケースと、60歳に繰上げ請求したときのシミュレーションをご紹介します。

どちらを選択しても65歳時の遺族厚生年金の受給額は同額

このシミュレーションを見ていただければおわかりのように、繰上げを選択すると生の年金が675万円と基本の306万円の約2倍の受給となってきます。ここで注目していただきたいのは、本来のコースでも繰上げ支給選択でも、遺族厚生年金は本来での65歳時の受給額102万円の4分の3の約77万円で、どちらを選択しても同じ金額になってくるということです。この事実は、意外と年金の専門家でも知らない方が多いのにはびっくりしました。

本書では、死亡した人の老齢厚生年金をもとにした遺族厚生年金のケースをモデルとします。なので、奥様が長く会社に勤務していたとかであれば、平成19年4月以降は妻自身に厚生年金の加入期間がある場合、1章で記載したように、本人の老齢厚生年金が優先的に支給され、遺族厚生年金は本人の老齢厚生年金を控除した金額になってきます。したがって、本人の老齢厚生年金が多いケースでは、遺族厚生年金が支給されないケースもあります。

このように奥様の年金との併給の遺族年金も考えられますが、本書では一般的な専業主婦のケースを基本に考えていきます。したがって、奥様が共稼ぎで働いているなど、ケースによってはこの

【図表20　65歳でガン等で死亡のパターン】
（本来のケース）

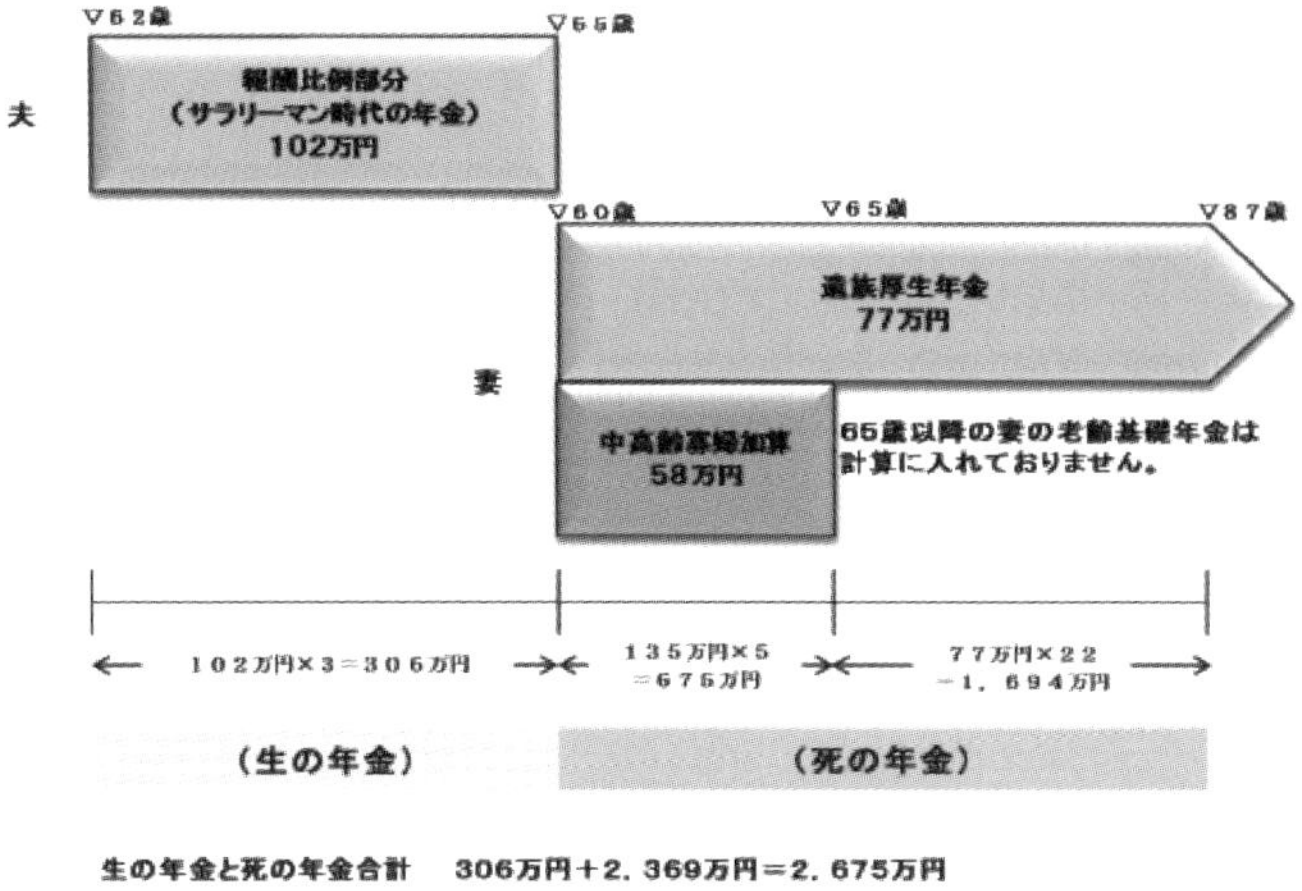

【図表21　65歳でガン等で死亡のパターン】
（65歳に繰上げを選択したケース）

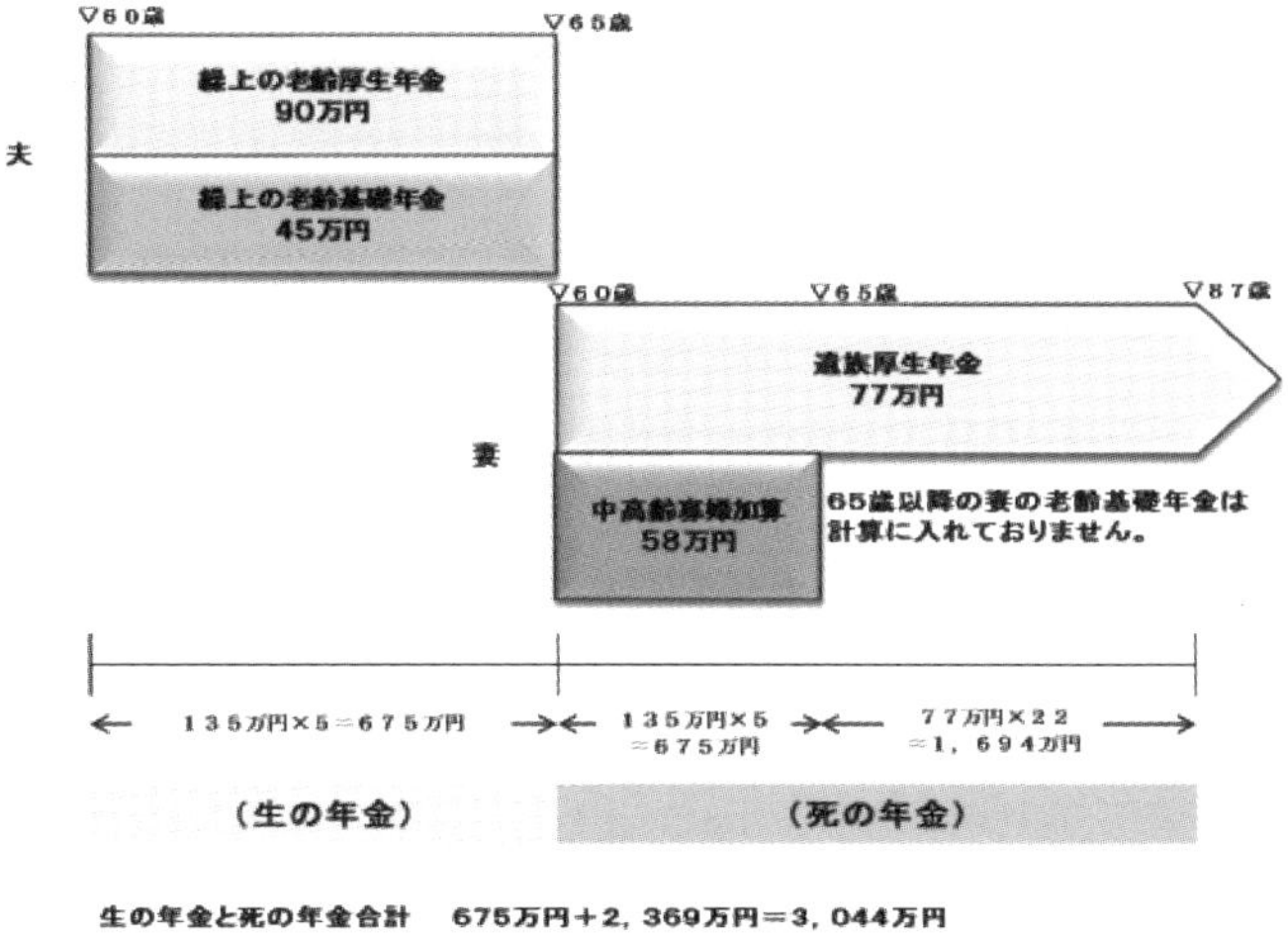

遺族年金の計算方法と相違してくることもあります。

また、熟年をターゲットとする本書では、18歳未満のお子さんなどはいないものとして考えています。なので、遺族基礎年金についても、本書のシミュレーションでは考えていません。

ただし、法改正があり、平成26年4月からは父子家庭も遺族基礎年金の対象となっています。

死の年金である遺族年金は、奥様の平均寿命である87歳まで生きるとして計算してあります。

また、シミュレーションでは、65歳からは奥様自身の生の年金である老齢基礎年金が支給されてきますが、その年金額についてはシミュレーションには計算に入れていません。本書のシミュレーションは、あなた自身の生の年金部分がどのように死の年金へつながっていくかを考えていますので、奥様自身の65歳からの老齢基礎年金や、1年以上厚生年金に加入していれば60歳前半から老齢厚生年金が支給されますが、本書ではその年金額は含めないでシミュレーションしています。

中高齢寡婦加算

ここで注目していただきたい点として、夫が死亡時に奥様が40歳以上65歳未満で子のない妻であれば中高齢寡婦加算という制度があり、シミュレーションのように年金年額として約58万円の中高齢寡婦加算が加算されます。

私のケースでの実際の年金事務所のデータは、図表22のとおりです。

遺族厚生年金７８７，０００円・寡婦加算額５７９，７００円となっております。遺族厚生年金

【図表22　寡婦加算額のシミュレーションデータ】

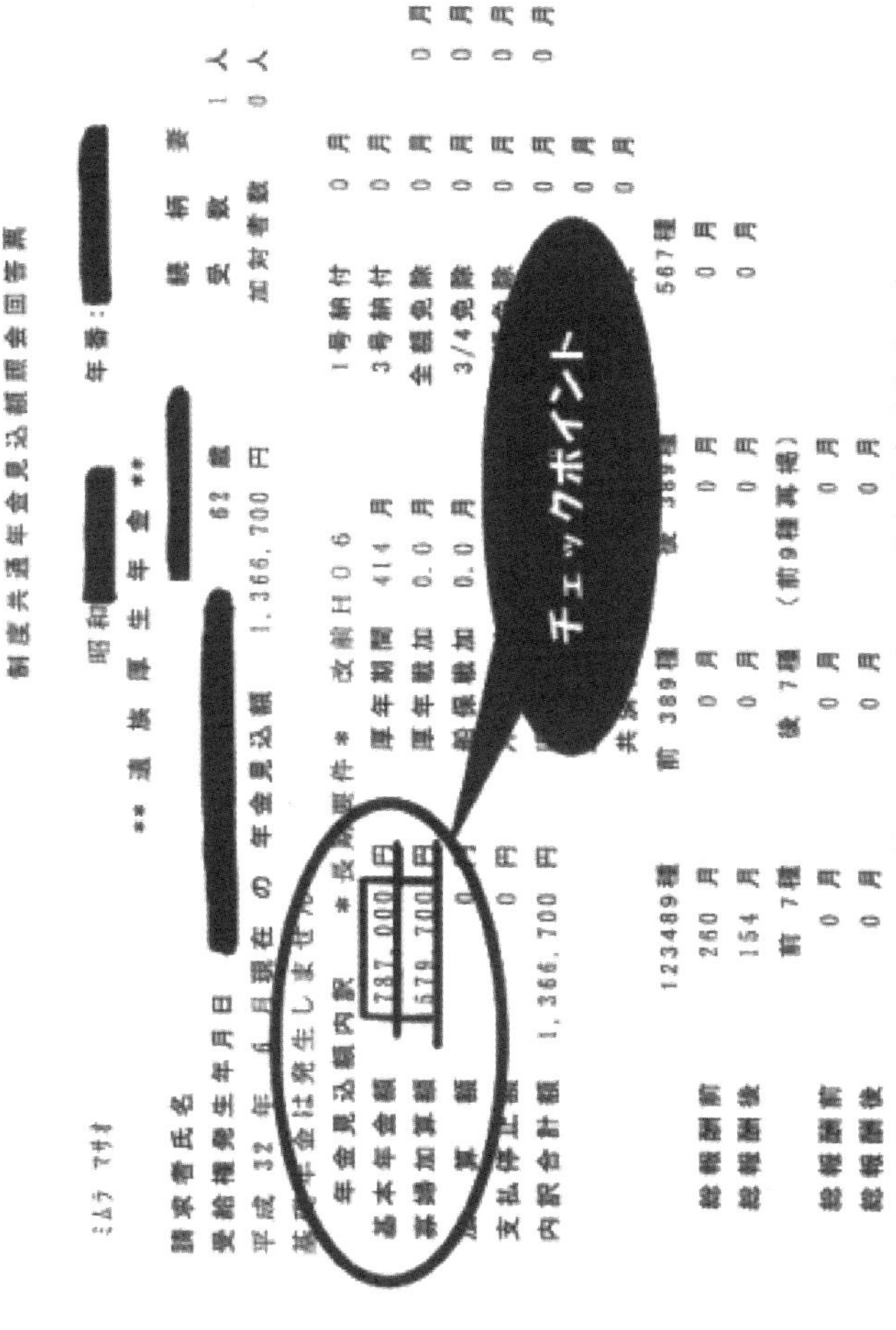
制度共通年金見込額照会回答票

ミムラ　マサオ　　昭和[redacted]　　年番：[redacted]

＊＊遺族厚生年金＊＊

請求者氏名　[redacted]　続柄　妻
受給権発生年月日　[redacted]　62歳　受数　1人
平成32年　6月現在の年金見込額　1,366,700円　加対者数　0人
基礎年金は発生しません
年金見込額内訳　＊長期要件＊　改前H06　1号納付　0月
基本年金額　787,000円　厚年期間　414月　3号納付　0月
寡婦加算額　579,700円　厚年戦加　0.0月　全額免除　0月　0月
加算額　0円　船保戦加　0.0月　3/4免除　0月　0月
支払停止額　0円　0月　0月
内訳合計額　1,366,700円　0月　0月
0月
共済　0月
123489種　前　389種　後　389種　567種
総報酬前　260月　0月　0月　0月
総報酬後　154月　0月　0月　0月
前　7種　後　7種　（前9種再掲）
総報酬前　0月　0月　0月
総報酬後　0月　0月　0月
実際の年金額はこの試算結果と異なる事があります

は年金定期便の65歳時の報酬比例部分の1，025，439円の4分の3で769，079円で多少数字が計算時期によって相違してきていますが、年金定期便のデータの読込みからで、遺族厚生年金や、繰上げ・繰下げなどの年金事務所での年金見込額照会回答票のデータとほぼ一致してきます。

なので、年金事務所まで出向いて、ご自分の年金額の繰上げなどの数字がわからなければ、年金定期便のデータがあればある程度確認できると思います。

厚生年金は加入期間や妻がいるかどうかで受給額が変わる

これは、次のシミュレーションで出てきますが、厚生年金加入期間20年以上で支給される加給年金約39万円と対比するとわかりやすいのです。生の年金では加給年金約39万円、死の年金では中高齢寡婦加算約58万円、この寡婦加算も夫の厚生年金加入期間が加給年金と同じように20年以上であることが条件となります。

ですから、奥様の年齢が10歳ほど若いと、加給年金で39万円の10年分で390万円、夫が死亡時55歳であれば、中高齢寡婦加算で65歳までの58万円の10年間分で580万円にもなってきます。

このように、厚生年金は、加入期間が20年以上あるかどうか、奥様がおられるかどうかで、受給額が大きく相違してくることもありますのでご理解いただけたら幸いです。

このように見てくると、65歳でガンで死亡すると年金がもらい損だと考えたくもなりますが、死の年金である遺族年金も考えれば、2，675万円・3，044万円とそれなりの金額になってきます。いかがですか。

読者の中には、奥様がいないければどうなるのかとの質問もあると思います。先ほど、遺族基礎年金は18歳未満のお子さんがいないと支給されないとお話しましたが、厚生年金における遺族は次のように死亡した人によって生計を維持されていた遺族となっています。

① 配偶者（妻または夫）……妻は年齢に関係なく（夫死亡時に妻が30歳未満で子がいない場合は5年の有期年金）遺族厚生年金を受給できますが、夫のときは妻が死亡時に夫の年齢が55歳以上のときに、60歳から原則支給対象となります。

子……子に対しては、妻に遺族厚生年金の受給権がある間、支給停止されます。

② 父母……死亡時55歳以上で60歳から支給対象になります。

③ 孫……死亡時18歳未満で18歳に達する日以後の最初の3月31日までの間支給対象となります。

④ 祖父母……死亡時55歳以上で65歳から支給対象となります。

以上のような順位で、遺族が遺族厚生年金の受取人となります。

ここで重要なことは、仮に奥様がいない独身の方であっても、お父さんお母さん、祖父母が遺族厚生年金の受給者ということもあります。

このように、遺族厚生年金は死の年金として、幅広い給付内容となっています。

遺族厚生年金は、遺族基礎年金から見れば、遺族の範囲も広く、大変よくできた制度であると思います。

しかも、遺族年金は、原則、税法上も非課税なのです。

3　死亡時期70歳、あなたの生の年金と死の年金　生きてるうちに考えよう！

ハガキの返送

死亡時期70歳のシミュレーションは、図表23、24、25の3つのパターンです。

今回のシミュレーションからは、年金の繰下げ選択のケースも考えてみたいと思います。

70歳死亡のときは、生の年金の受給額は繰上げ・本来・68歳繰下げの順になっています。死の年金も含んだ合計でも同じ順位で受給額が推移しています。

図表25のシミュレーションで68歳繰下げのケースを見ていると、65歳から68歳までが繰下げ選択により無年金になっています。

受給の手続は、65歳になった誕生日の前月に年金事務所から送付されてきた年金のハガキ（国民年金・厚生年金保険老齢給付裁定請求書）に必要事項記載して返送すれば、引き続き老齢基礎年金・老齢厚生年金が支給されます。

また、老齢基礎年金・老齢厚生年金の両方とも繰り下げるときは、ハガキを返送しないようにしなければなりません。その場合は、後で繰下げの裁定請求をすることになります。

さらに、どちらか一方を繰り下げるときは、どちらかを選択して逆にハガキを返送する必要があ

【図表23　70歳でガン等で死亡のパターン】
（本来のケース）

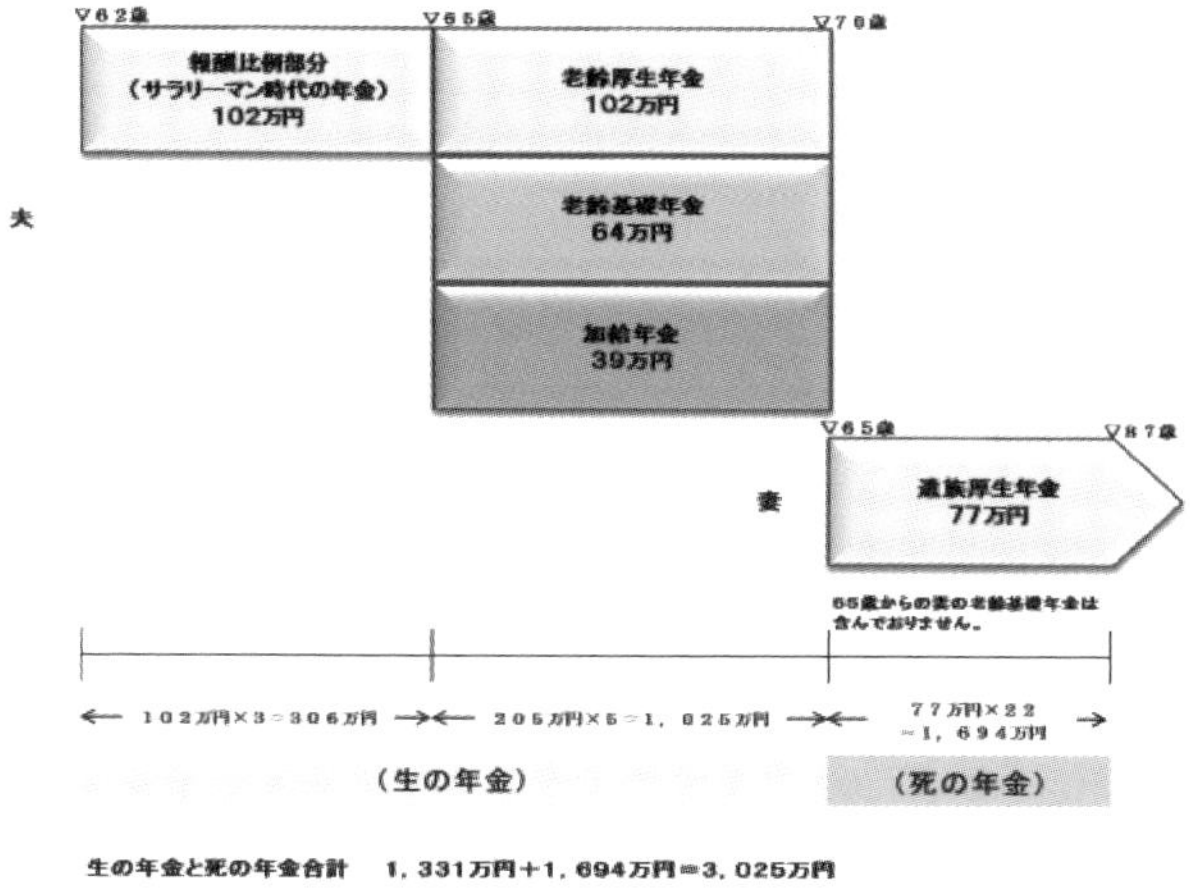

【図表24　70歳でガン等で死亡のパターン】
（60歳に繰上げを選択したケース）

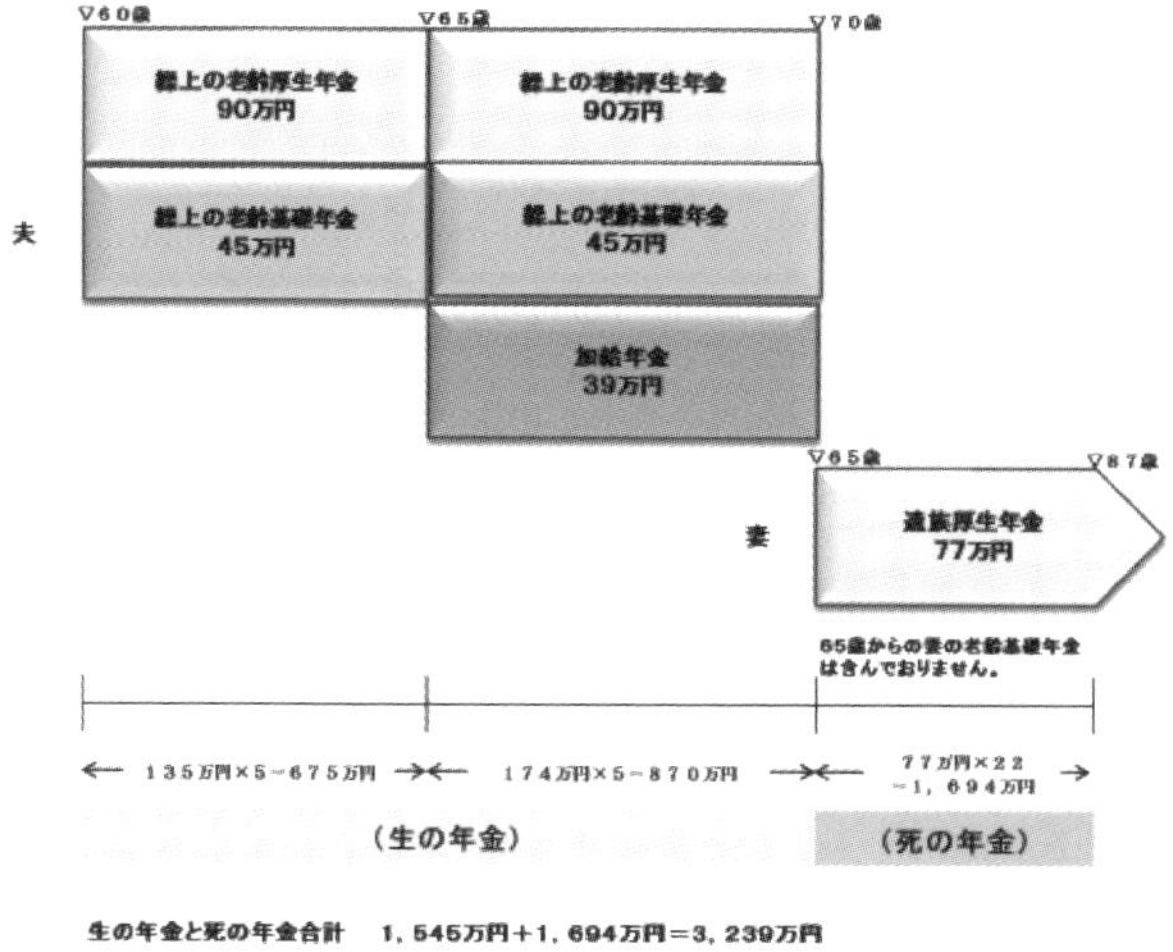

【図表25　70歳でガン等で死亡のパターン】
（68歳に繰下げを選択したケース）

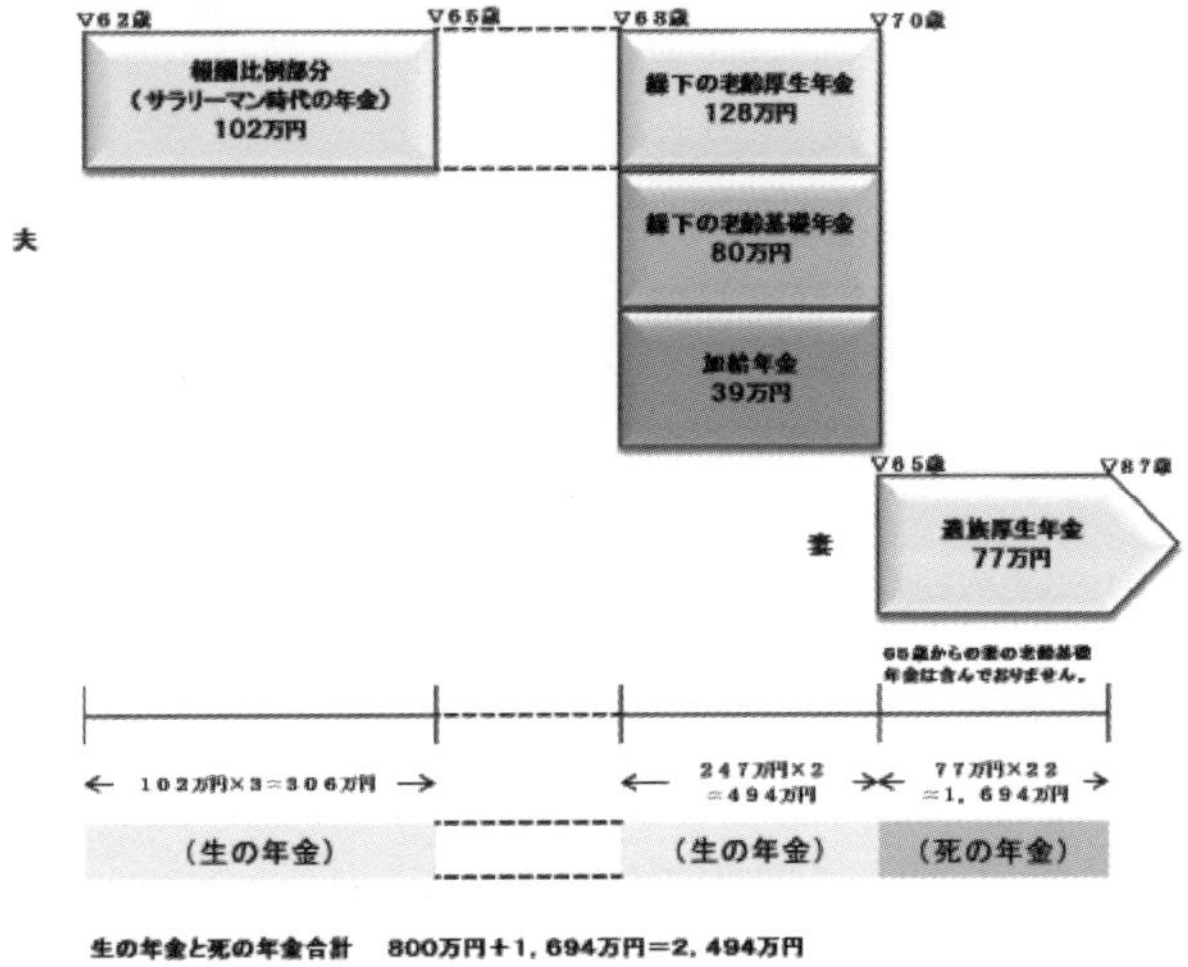

ります。

60歳再雇用で5年以上雇用保険に加入の場合

70歳死亡時点まで考えてきましたが、60歳定年再雇用で、60歳以後も会社で働いていると年金が支給停止になることがあると聞いているがどのような制度なのか教えてほしいと思われる方も多いのではないでしょうか。

次に、その仕組みを簡単に解説したいと思います。

図表26のように、60歳再雇用で5年以上雇用保険に加入の方が、60歳時点の賃金より低下率が61％以下のときは60歳以降の賃金額の15％、また、低下率が61％を超えて75％未満のときは60歳以降の賃金額×低下率に応じて15％より低減した率となっています。

このようにダウンすると、雇用保険から下

【図表26　60歳再雇用5年以上雇用保険に加入の方】

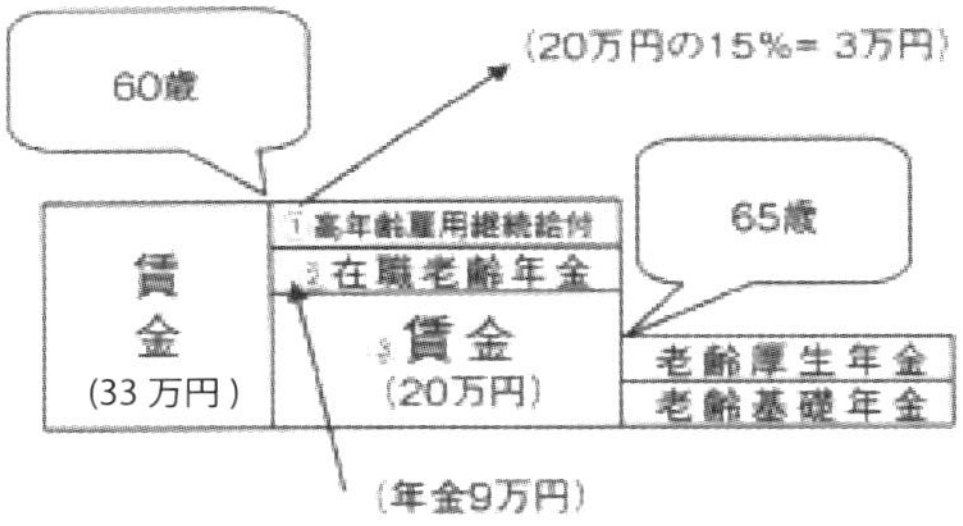

※　在職老齢年金と高年齢雇用継続給付の併給調整があります
(例では、1.2万円が支給停止)

※　(①＋②＋③)は32万円となりますが、税金・社会保険料は計算していません

※　在職老齢年金は、年金が年額120万円、60歳到達前1年間の賞与支払額が0円の条件で試算しています

		支給停止額
総報酬月額相当額＋基本月額28万円以下		支給停止は、なし
総報酬月額相当額＋基本月額28万円超		1月について以下の金額を支給停止
基本月額28万円以下	総報酬月額相当額が47万円以下	(総報酬月額相当額＋基本月額－28万円)×1/2
	総報酬月額相当額が47万円以下	(47万円＋基本月額－28万円)×1/2＋(総報酬月額相当額－47万円)
基本月額28万円超	総報酬月額相当額が47万円以下	総報酬月額相当額×1/2
	総報酬月額相当額が47万円以下	47万円×1/2＋(総報酬月額相当額－47万円)

総報酬月額相当額＝受給権者が被保険者である月の標準報酬月額＋その月以前1年間の標準賞与額の合計×1/12
基本月額＝年金額(加給年金額を除く)×1/12で、個人毎に異なります

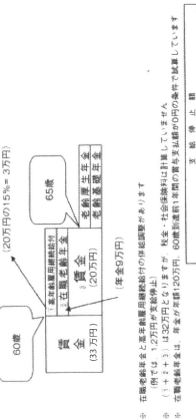

がった賃金の15％高年齢雇用継続給付金が2か月に1回支給されるという制度があります。ただし、年金制度から見れば、60歳から65歳までは、年金の基本月額と加入している厚生年金の総報酬月額相当額の合計額が28万円を超えると年金額が一部支給停止になります。しかし、令和4年4月からは、60歳から65歳までの上限28万円は65歳以降と同じ47万円に変更になります。65歳からは47万円を超えると、厚生年金が一部支給停止の制度があります。

65歳以降の老齢基礎年金は、この合計の年金額には含めませんので、私の場合は47万円マイナス9万円で、賃金総額が37万円であっても年金の支給停止はありません。

ただし、62歳からは28万円マイナス9万円で賃金総額19万円までは年金の支給停止はないのでご理解いただきたいと思います。

したがって、日本の中小企業の平均的なサラリーマンであれば、再雇用で賃金総額20万円前後かと思いますので、年金の支給停止部分については、あまり考えなくてもいい方が多いでしょう。

本書では、60歳以降も働いているときの年金の支給停止部分までは考えないで説明を進めていくことにします。

また、60歳以降アルバイト、パートなどで短時間勤務の場合は、社会保険に加入していないケースが多いと思います。社会保険に加入していなければ、賃金と年金との併給調整はありませんので、基本的に年金は満額支給となってきます。

参考のために、図表27に60歳台前半の在職老齢年金の早見表を掲載しておきます。

【図表27　60歳代前半の在職老齢年金早見表

60歳台前半の在職老齢年金早見表　（単位：万円）

年金月額	総報酬月額相当額														
	9.8	12.0	15.0	18.0	21.0	24.0	27.0	30.0	33.0	36.0	39.0	42.0	46.0	47.0	50.0
1.0	1.0	1.0	1.0	1.0	1.0	1.0	1.0	0.0	0.0	0.0	0.0	0.0	0.0	0.0	0.0
2.0	2.0	2.0	2.0	2.0	2.0	2.0	1.5	0.0	0.0	0.0	0.0	0.0	0.0	0.0	0.0
3.0	3.0	3.0	3.0	3.0	3.0	3.0	2.0	0.5	0.0	0.0	0.0	0.0	0.0	0.0	0.0
4.0	4.0	4.0	4.0	4.0	4.0	4.0	2.5	1.0	0.0	0.0	0.0	0.0	0.0	0.0	0.0
5.0	5.0	5.0	5.0	5.0	5.0	4.5	3.0	1.5	0.0	0.0	0.0	0.0	0.0	0.0	0.0
6.0	6.0	6.0	6.0	6.0	6.0	5.0	3.5	2.0	0.5	0.0	0.0	0.0	0.0	0.0	0.0
7.0	7.0	7.0	7.0	7.0	7.0	5.5	4.0	2.5	1.0	0.0	0.0	0.0	0.0	0.0	0.0
8.0	8.0	8.0	8.0	8.0	7.5	6.0	4.5	3.0	1.5	0.0	0.0	0.0	0.0	0.0	0.0
9.0	9.0	9.0	9.0	9.0	8.0	6.5	5.0	3.5	2.0	0.5	0.0	0.0	0.0	0.0	0.0
10.0	10.0	10.0	10.0	10.0	8.5	7.0	5.5	4.0	2.5	1.0	0.0	0.0	0.0	0.0	0.0
11.0	11.0	11.0	11.0	10.5	9.0	7.5	6.0	4.5	3.0	1.5	0.0	0.0	0.0	0.0	0.0
12.0	12.0	12.0	12.0	11.0	9.5	8.0	6.5	5.0	3.5	2.0	0.5	0.0	0.0	0.0	0.0
13.0	13.0	13.0	13.0	11.5	10.0	8.5	7.0	5.5	4.0	2.5	1.0	0.0	0.0	0.0	0.0
14.0	14.0	14.0	13.5	12.0	10.5	9.0	7.5	6.0	4.5	3.0	1.5	0.0	0.0	0.0	0.0
15.0	15.0	15.0	14.0	12.5	11.0	9.5	8.0	6.5	5.0	3.5	2.0	0.5	0.0	0.0	0.0
16.0	16.0	16.0	14.5	13.0	11.5	10.0	8.5	7.0	5.5	4.0	2.5	1.0	0.0	0.0	0.0
17.0	17.0	16.5	15.0	13.5	12.0	10.5	9.0	7.5	6.0	4.5	3.0	1.5	0.0	0.0	0.0
18.0	18.0	17.0	15.5	14.0	12.5	11.0	9.5	8.0	6.5	5.0	3.5	2.0	0.5	0.0	0.0
19.0	18.6	17.5	16.0	14.5	13.0	11.5	10.0	8.5	7.0	5.5	4.0	2.5	1.0	0.0	0.0
20.0	19.1	18.0	16.5	15.0	13.5	12.0	10.5	9.0	7.5	6.0	4.5	3.0	1.5	0.5	0.0
21.0	19.6	18.5	17.0	15.5	14.0	12.5	11.0	9.5	8.0	6.5	5.0	3.5	2.0	1.0	0.0
22.0	20.1	19.0	17.5	16.0	14.5	13.0	11.5	10.0	8.5	7.0	5.5	4.0	2.5	1.5	0.0
23.0	20.6	19.5	18.0	16.5	15.0	13.5	12.0	10.5	9.0	7.5	6.0	4.5	3.0	2.0	0.0
24.0	21.1	20.0	18.5	17.0	15.5	14.0	12.5	11.0	9.5	8.0	6.5	5.0	3.5	2.5	0.0
25.0	21.6	20.5	19.0	17.5	16.0	14.5	13.0	11.5	10.0	8.5	7.0	5.5	4.0	3.0	0.0
26.0	22.1	21.0	19.5	18.0	16.5	15.0	13.5	12.0	10.5	9.0	7.5	6.0	4.5	3.5	0.5
27.0	22.6	21.5	20.0	18.5	17.0	15.5	14.0	12.5	11.0	9.5	8.0	6.5	5.0	4.0	1.0
28.0	23.1	22.0	20.5	19.0	17.5	16.0	14.5	13.0	11.5	10.0	8.5	7.0	5.5	4.5	1.5
29.0	24.1	23.0	21.5	20.0	18.5	17.0	15.5	14.0	12.5	11.0	9.5	8.0	6.5	5.5	2.5
30.0	25.1	24.0	22.5	21.0	19.5	18.0	16.5	15.0	13.5	12.0	10.5	9.0	7.5	6.5	3.5

図表27を見ていただければ、私の年金定期便の報酬比例部分の年金額は1，０２５，４００円ですから、12月で割れば８５，４５０円となります。なので、年金月額８万円か９万円の欄を見ていただければ、総報酬月額相当額が39万円以上で年金が全額支給停止になります。逆に、年金を満額受給するには、総報酬月額相当額が18万円以内であればＯＫであることがわかります。ちなみに、65歳以降も社会保険適用で継続勤務すると、60歳代後半の在職老齢年金早見表（後掲図表52）を見ると、満額支給が35万円以内で、60万円以上が老齢基礎年金を除いて全額支給停止となっています。

この事例からも、多くの中小企業のサラリーマンであれば、60歳以降も継続勤務されても、年金の支給停止はそれほど気にかけなくてもいい方が大半ではないかと思います。

高年齢雇用継続給付については、令和7年から改正があり、給付額の上限が15％から10％に大幅にダウンすることになります。したがって、今後は、この給付金を活用した賃金の変更も少なくなってくるのではないでしょうか。

また、会社役員などで65歳以上になっても高額の役員報酬を受給しているようなケースでは、老齢厚生年金と給与の合計が47万円（令和2年現在）を超えるようなら年金の一部支給停止がありますので、年金の基本月額と役員報酬の総報酬月額相当額の合計月額が47万円を超えるような方は、繰下げを考えるならばその前に年金事務所に相談されることをおすすめします。

ただし、この65歳以上の年金の併給調整については、老齢基礎年金は対象外ですのでご留意ください。

ここで、仮に厚生年金約15万円・老齢基礎年金約５万円の受給の方であれば、この厚生年金の15万円と役員報酬（総報酬月額相当額）の合計が47万円超えなければ支給停止はありませんから、役員報酬32万９，９９９円までであれば年金の支給停止はありません。

役員報酬が33万円になると、標準報酬が34万円になり、いくらか支給停止になってしまいます。この制度は、役員として会社から報酬を受給している限り、この47万円を超えると支給停止が該当してきます。

年金の支給停止の仕組みが違ってくる年代

このように60歳から65歳までと65歳から70歳まででは、年金の支給停止の仕組みが違ってきています。

さらに、平成19年４月Ⅰ日以降に70歳に達した人にも、適用事務所から常勤の役員として報酬を受けている限り厚生年金の被保険者ではありませんが、70歳以降も65歳から70歳までの年金の支給停止の仕組みが適用されることになりました。

ですから、70歳以降も高額の報酬をもらい続けると、報酬の額によっては年金の支給停止の適用を受け続けることになります。

したがって、65歳とか70歳になられたら、非常勤の役員になるか、役員を退任すれば、社会保険の加入義務者でなくなりますので、年金の報酬との調整もなくなります。そして、年金の支給停止は生涯かかってこないということです。

この厚生年金の報酬は、会社からの報酬であって、株式の売買益とか不動産収入のような収入はこの年金の調整には該当しないのでご留意ください。

4 死亡時期80歳、あなたの生の年金と死の年金 生きてるうちに考えよう！

80歳の年金受給額

いよいよ80歳まで到達してきました。男性でいえば平均寿命の1年前の年です。

このケース（図表28、29、30）で見ていくと、本来・繰上げ・繰下げの順に年金受給額が推移してきています。

生の年金も繰上げの2，895万円に対して2，991万円と本来受給が繰上げ選択よりも逆転してきています。

男性の方で、人生80年と考えるのであれば、年金の受給額だけで見れは、本来受給が有利なのかもしれません。

ここで注目したいのは、5年繰下げを選択した場合、生の年金が10年で2，666万円にもなってきているということです。

【図表28　80歳ガン等で死亡のパターン】
（本来のケース）

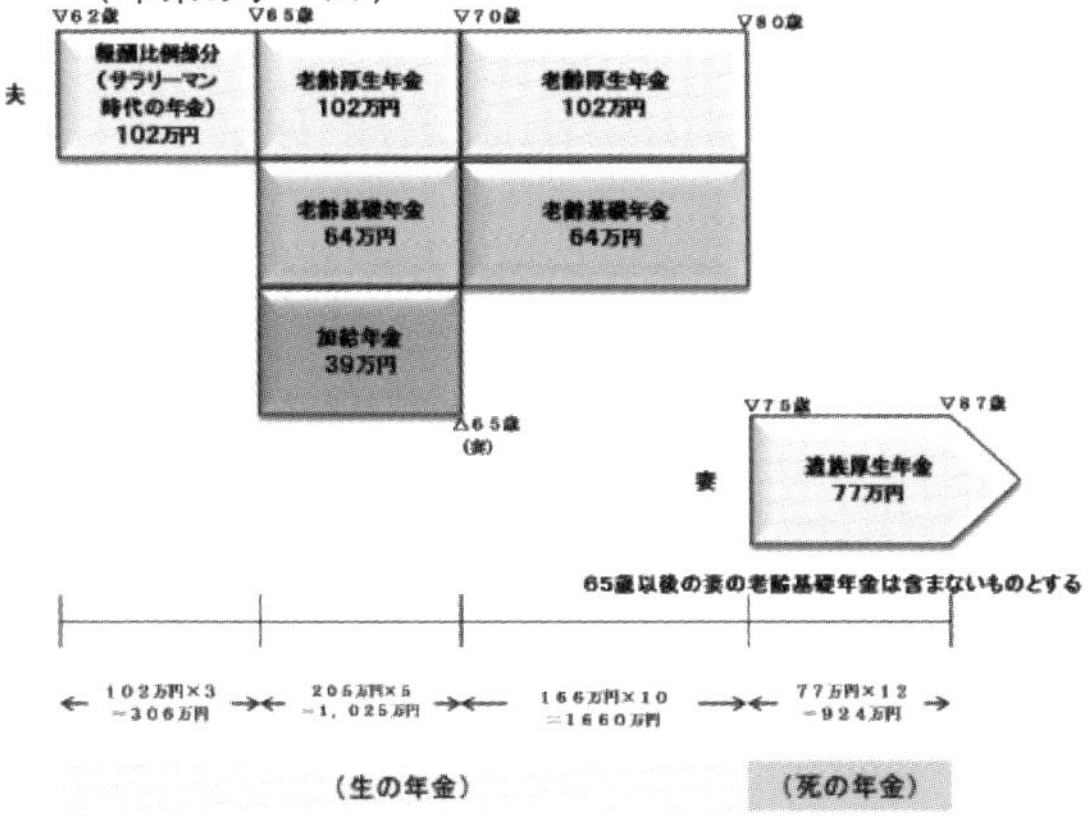

生の年金と死の年金合計　2，991万円＋924万円＝3，915万円

【図表29　80歳ガン等で死亡のパターン】
（60歳に繰上げを選択したケース）

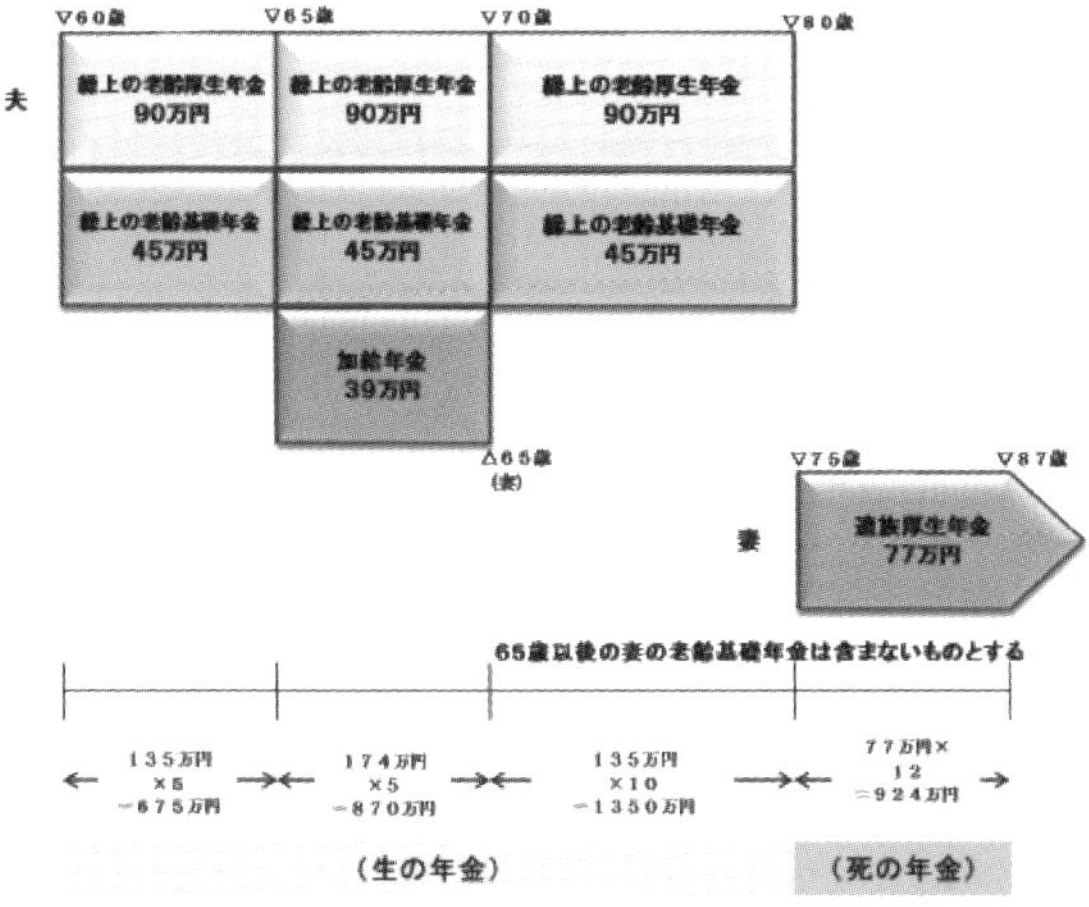

生の年金と死の年金合計　2，895万円＋924万円＝3，819万円

【図表30　80歳ガン等で死亡のパターン】
（70歳に繰下げを選択したケース）

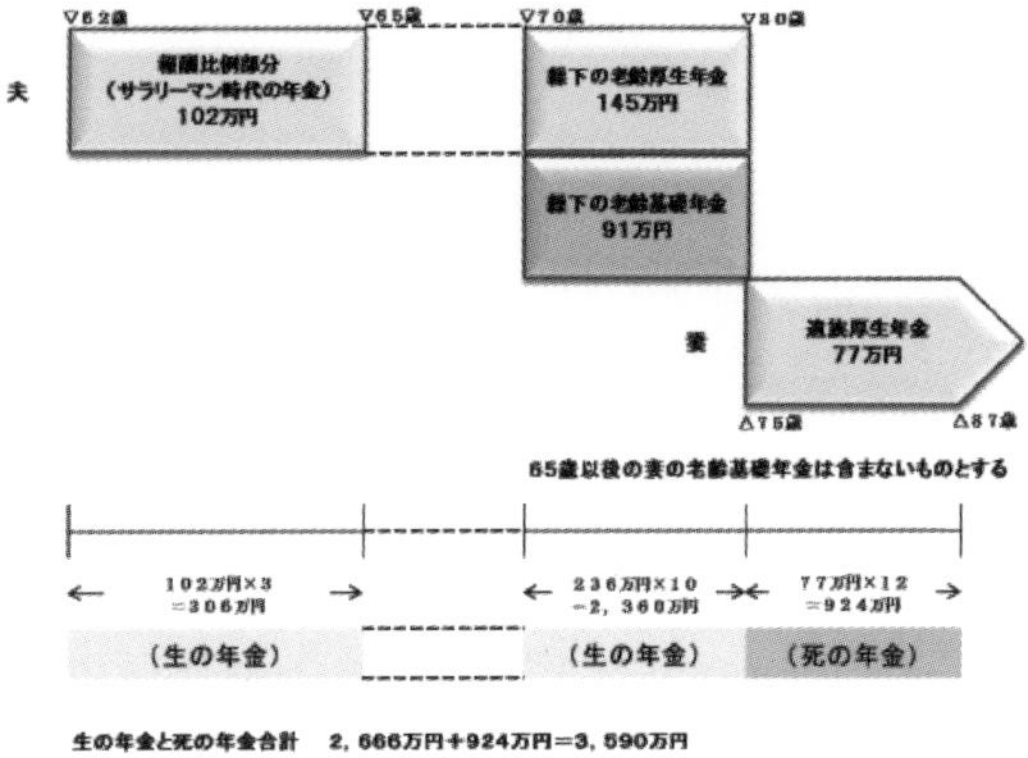

このシミュレーションは、男性の平均寿命の1年前の80歳のケースです。おそらく日本人の多くの男性がこのどちらかのタイプの年金人生で人生を終了していくことになるのだと思います。

5　死亡時期90歳、あなたの生の年金と死の年金生きてるうちに考えよう！

85歳以上生きるなら繰下げの選択が有利

いよいよ90歳までやってきました。図表31、32、33を見てください。

この90歳では、生の年金は何と、繰下げ・本来・繰上げと受給額が逆転しました。

そうなんです。この年齢になれば、国民年金の繰下げ選択の損益分岐点である82歳を超えて、何んといっても繰下げ選択が有利になってきます。

【図表31　90歳でガン等で死亡のパターン】
（本来のケース）

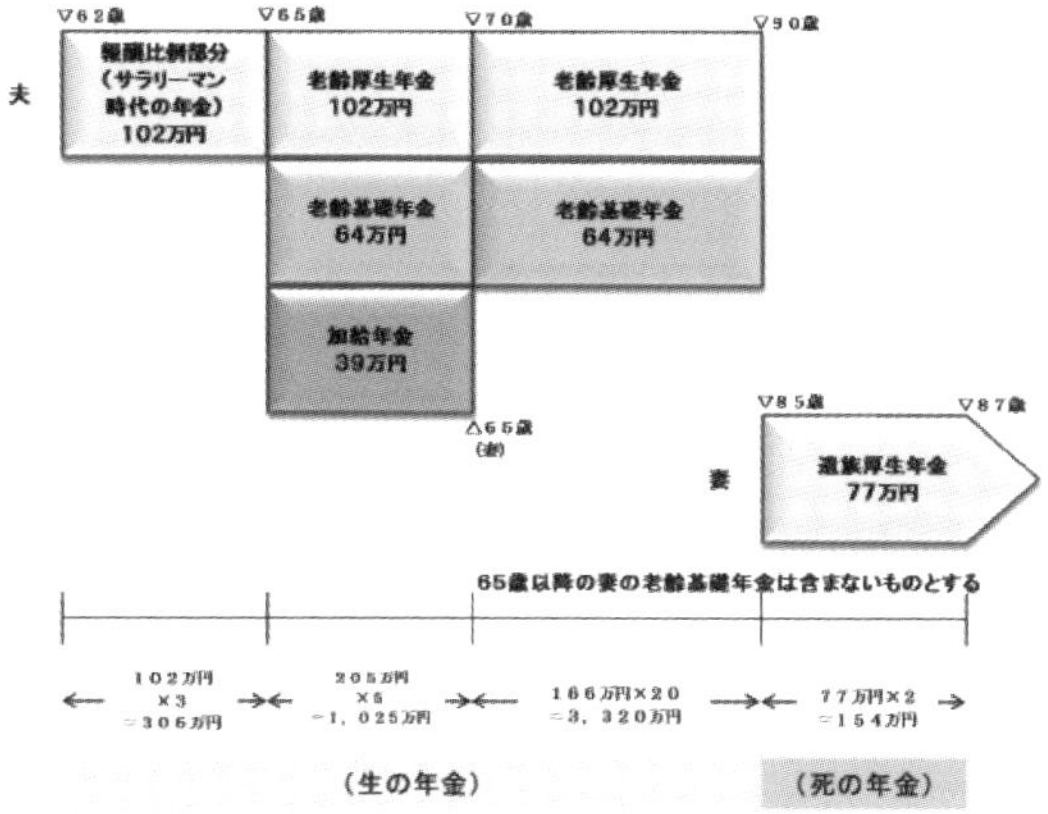

生の年金と死の年金合計　4，651万円＋154万円＝4，805万円

【図表32　90歳でガン等で死亡のパターン】
（60歳に繰上げを選択したケース）

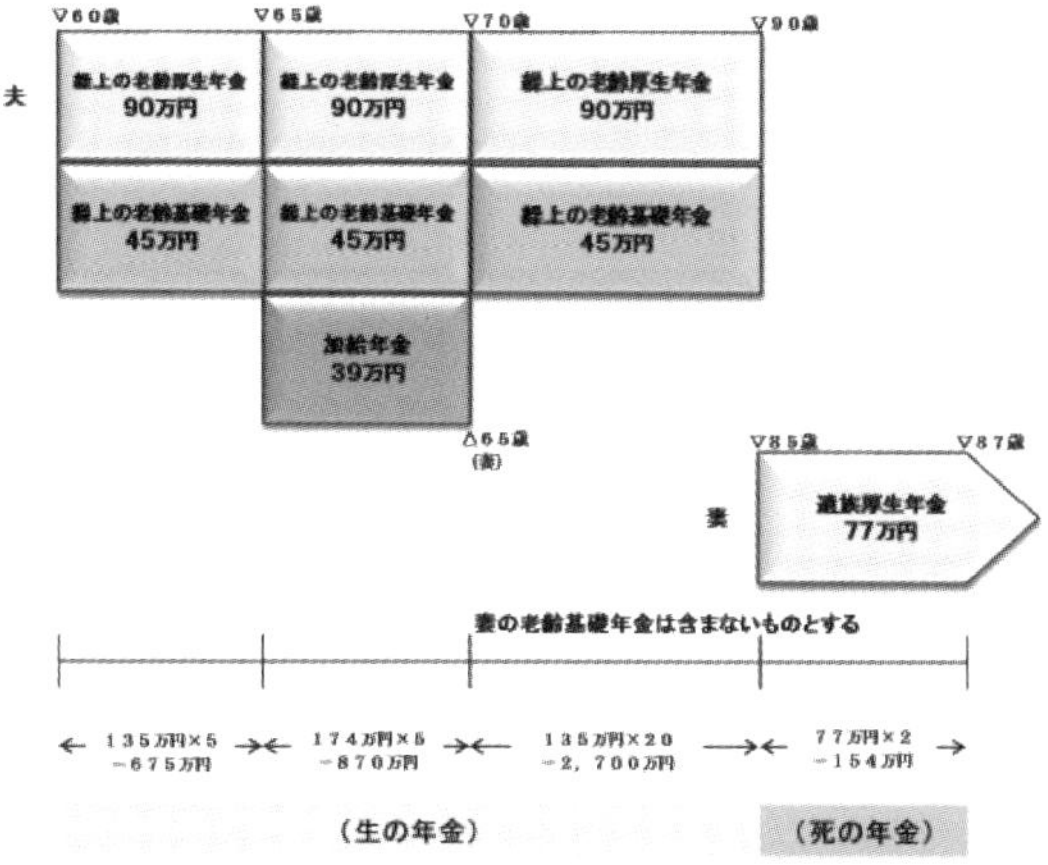

生の年金と死の年金合計　4，245万円＋154万円＝4，399万円

【図表33　90歳でガン等で死亡のパターン】
（70歳に繰下げを選択したケース）

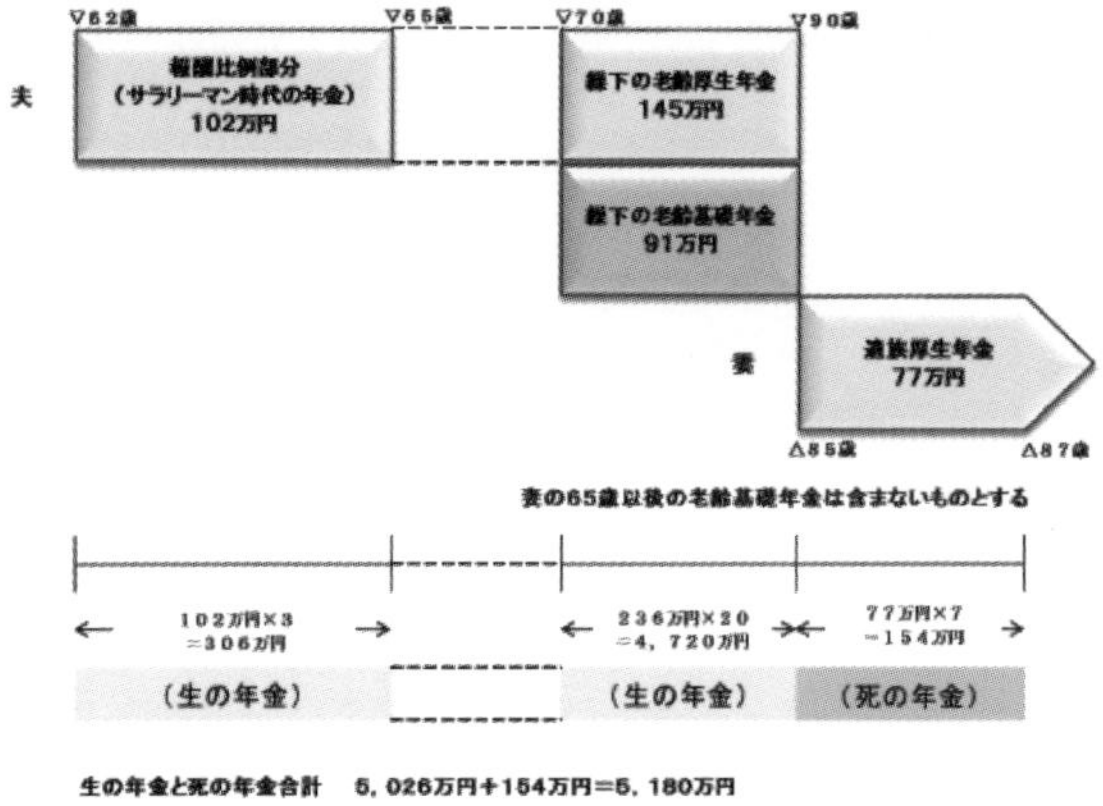

ですから、90歳以上生きると決めたなら、繰下げの選択が年金受給という視点で見れば一番有利であるかもしれないと思います。

死の年金額も考えれば、どのケースも約5，000万円前後の年金受給ということになります。この約5，000万円という金額は、20歳から60歳までの40年間で積み立てるとすると、5，000万円÷480＝104，333円になります。何と毎月約10万円積み立てなければ貯まらないのです。

このように考えても、日本の年金制度がいかに優れているかご理解していただけるでしょう。

なお、生の年金と死の年金の受給総額を一覧表にすると、図表34、35のようになります。

何歳まで生きるかで異なる受給額

このデータを分析すると、受給額という視点で見れば、生の年金に関しては、仮に70歳まで生きていくと

【図表34　生の年金総額】

	本来支給年金総額	繰上げ支給総額	繰下げ支給総額
６５歳死亡	306万円	675万円	
７０歳死亡	1,331万円	1,545万円	800万円
８０歳死亡	2,991万円	2,895万円	2,666万円
９０歳死亡	4,651万円	4,245万円	5,026万円
100歳死亡	6,311万円	5,595万円	7,386万円

【図表35　死の年金総額】
（奥様自身の老齢年金は含んでいません）

	本来支給年金総額	繰上げ支給総額	繰下げ支給総額
６５歳死亡	2,369円	2,369万円	
７０歳死亡	1,694万円	1,694万円	1,694万円
８０歳死亡	924万円	924万円	924万円
９０歳死亡	154万円	154万円	154万円

決意するならば繰上げの選択であり、80歳までとなると本来の選択が有利です。さらに、90歳以上と考えると、繰下げ支給選択が見えてきます。読者の皆さんいかがですか。

男性で81歳の平均寿命の年金人生を考えるのであれば、本来の選択であり、女性の87歳平均寿命までならば、繰下げ選択という選択肢も出てくると思います。

ちなみに１００歳までのシュミレーションをしますと、図表34のように繰下げでは何と7，３８６万円の受給となります。あくまでも現行の基準で計算しておりますので、国の財政検証の結果この金額のとおりになるかどうかは誰もわからないといえるでしょう。

しかし、年金の選択の方向性は見えてくるのではないでしょうか。

また、死の年金は、本来・繰上げ・繰下げの選択に関係なく、金額は一定だということです。ですから、繰上げ選択をして年金額が減少しても、遺族年金の額は変わりません。これが、年金額の減少とともに、死の年金額が減少するのであれば、繰上げ選択は、奥様の遺族年金額に影響を与えるのでそのことまでも考慮する必要があります。しかし、選択にかかわらず一定であれば、繰上げ選択の有利性は高いといえなくもないと思います。

ここでは年金受給額だけを焦点に記載してきましたが、生の年金である老齢年金は、所得税や住民税が課せられます。非課税枠を超えるケースでは、税引き後の手取りも考えて、繰上げ繰下げなどの選択をするときは、手続の前に1度年金事務所や税理士さんなどにも相談されて実施すべきであると思います。

例えば、老齢厚生年金を70歳繰下げ受給を選択したら、5歳年下の奥様がそのときには65歳になられるので加給年金が受給できなくなるといったケースもあります。また､税金のことを考えたら、その他の所得もあり、逆に損になるケースも出てくるかもしれません。

1人ひとり置かれている状況が違いますので、受給額だけでは最終的には判断すべきではないと思います。

生も年金・死も年金なり

本書では、遺族年金は奥様との年齢差を一般的な5年で計算しましたが、もし、年齢差が15歳であればシミュレーションの死の年金のデータの金額は死亡時期にもよりますが、2倍近くの年金受給額になってきます。70歳死亡のパターンでは、死の年金受給総額は何と約3，０００万円にもなります。

読者の皆さん、この死の年金額は奥様の65歳以降の老齢年金部分を除けばすべて非課税です。3，０００万円受給しても、1円も税金がかからないのです。本書では奥様自身の65歳からの生の年金である老齢基礎年金まで含めて計算してはいませんが、65歳から仮に年額72万円受給としますと、87歳まで22年間で約1，５８４万円の受給額です。70歳死亡のケースでは、ご主人の死の年金1，６９４万円と奥様自身の生の年金1，５８４万円でトータル3，２７８万円受給となります。

私は、生の年金は年金人生を豊かに生きていくためのものであり、死の年金も大切な家族が豊かに生きていくため、あなたの長い間掛けてきた尊い保険料が生き続けていくのだと考えます。このように考えていくと、年金は人生を豊かに生きていくための、絶対に必要な人類が考えた英知の結晶のシステムではないかと強く感じる次第です。「生も年金・死もまた年金なり」です。

年金は世代間の支えで成り立つ

ここまで65歳・70歳・80歳・90歳のケースを検証してきました。70歳を過ぎるとやはり国民年金の繰上げ支給の損益分岐点の77歳が年金を本来で受給するか、繰上げ支給選択でいくかの単純な損益分岐点であることが再確認できます。死の年金受給額を含めても同じような傾向のようです。

よく週刊誌などに、得する年金とか、読者の興味本位を煽る内容の記事が出ています。私は、年金制度の中に、死の年金があるということの仕組みが国民の間で浸透していけば、単なる損得の物差しで年金制度は考えなくなってくるのではないかと思います。

この年金は、世代間での支合いで成り立っています。ですから、ある人は多くの掛け金を支払ったがほとんど受給せずに亡くなられたとしても、その人の掛けてきた保険料はその他の方に活用されていくのです。

それが遺族年金となり、あなたの大切な奥様の遺族年金の原資として活用されるケースも多々起きてくるわけです。

そうなんです、あなた納付してきた保険料は、誰かのために活用されていくのです。したがって、一部週刊誌のように、損得だけでこの年金制度を考えるべきではないと思います。

死の年金は平等な制度

本書を書くまで私も知りませんでしたが、前述したように年金を繰上げ・繰下げ選択したとしても、あなたが死亡したときは遺族年金の年金額は変わらないという事実です。

このことは、年金事務所の年金相談の方も、繰上げ支給を選択したら遺族年金はその繰り上げた年金額の4分の3のように勘違いされていました。私どものような社労士の人でも、ほとんど勘違いして理解されているのではないかと思います。

遺族年金は、年金をご主人が繰上げ・繰下げ選択をされようが、死亡したときの遺族年金である死の年金額は変わらないのです。死の年金は、ある意味平等な制度なのです。

あなたは、これまでのシミュレーションをご覧になられて、これからのあなたなりの年金人生の考え方の方向性が見えてきてきたのではないかと思います。

私は、75歳まで生きれる、また75歳までの人生設計でいくと決めれば、年金は繰上げを選択することも検討すべき選択肢の1つです。まして、病気などで、余命5年・6年となれば、それは迷うことなく繰上げの選択を考えるのも必要な年金人生の考え方です。

また、85歳・90歳と生き抜いていくと考えるならば、逆に繰上げでなく繰下げの選択肢も検討すべきです。

年金人生はあなたの決意次第

ここで重要なことは、よく「人生は自分の描いたとおりになる」といわれますが、読者のあなたが自分は80歳まで生き抜いていくんだと決めたならば、あなたの人生は80歳までの人生になるし、私は70歳までの人生でいいと決めたなら70歳の人生になってくるのではないかと思います。

ですから、ここで大事なことは、読者のあなたが何歳まで生きていくんだと決める、また決意した瞬間にあなたの年金人生も決定されてくのではないかと思います。

本章では、私と同年代の60代前半で、まだ報酬比例部分の年金が受給できるケースをシミュレーションしてみました。毎月の年金額だけをイメージして考えると年金の全体像がわかりにくいですが、このシミュレーションのように表にしてみると意外とすっきりするものです。

年金の詳細な制度から年金制度の理解をするのもいいのですが、部分的には理解できても、後で振り返るとやっぱり理解しにくい制度です。

私が思うには、結局、年金制度というのは、国民の目線で見れば、いくら支給されるのですか？ということではないでしょうか。以前、郵便局の窓口で依頼を受けて年金相談をしたことがありましたが、相談者はいくらもらえるのかということが聞きたくてきており、金額が理解できれば納得して帰られるといったパターンでした。複雑な年金の制度や仕組みについては、極端な話どうでもいいのかもしれないと感じました。

熟年離婚に伴う年金分割の相談でも同じです。結局、いくら分割で増えるのか減少するのかという金額がわかれば、そこで年金相談も終了です。

以上のような視点から、本書ではあえて詳細な年金額の計算方法とか仕組みについては触れず、ずばりいくらになるのかといった視点で、本来支給・繰上げ支給・繰下げ支給について記載してきました。

したがって、一般的な年金関係の書籍とは視点が違ってきますがご理解のほどお願いします。

4章

死亡時期により大きく変わる生の年金「老齢年金」と死の年金「遺族年金」４つのタイプ・その2

男性昭和36年４月２日以降に生まれた方・女性昭和41年４月２日以降に生まれた方のケース

1　男性昭和36年4月2日以降に生まれた方・女性昭和41年4月2日以降に生まれた方のケース

65歳までの年金はない

ここまで、昭和30和年4月2日以降昭和36年4月I日までに生まれ(女性は5年遅れ。以下同じ)、62歳から64歳までに報酬比例部分の年金が支給開始されるケースを見てきました。ここからは、昭和36年4月2日以降生まれの方の事例を、先ほどのように私の年金定期便の65歳時のデータでシミュレーションしてみたいと思います。

したがって、私の年金定期便の62歳から65歳までの報酬比例部分の年金はないものとして考えることになります。

図表36のシミュレーションを見ればおわかりのように、この年代からは65歳までの年金はなくなります。私のケースと比較すると、本来のコースで306万円、年齢が若いというだけで支給されなくなります。これが、昭和36年4月2日以降生まれの方々の実態です。

一部の方を除き楽な年金生活は過ごせない

なので、昭和16年4月1日以前生まれの方々には60歳から報酬比例部分と同時に定額部分の年金

【図表36　本来のケース】

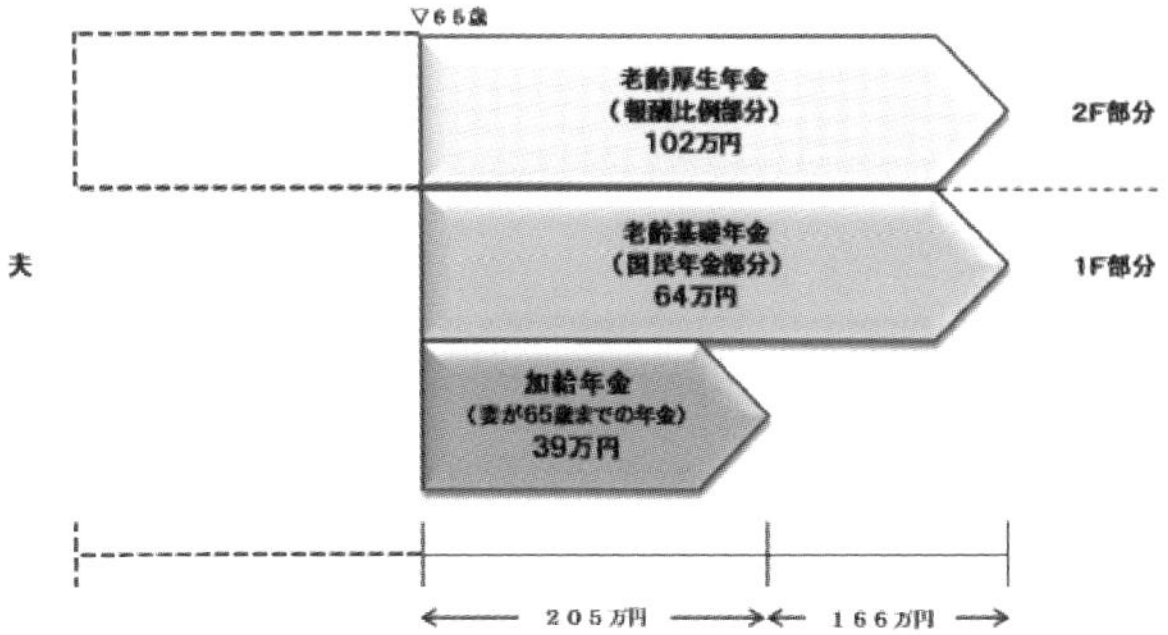

60歳で繰上げを希望すると

老齢厚生年金は　0.5%×60か月＝30%の減額（支給開始年齢が基準）

老齢基礎年金は　0.5%×60か月＝30%の減額

70歳で繰下げを希望すると

老齢厚生年金は　0.7%×60か月＝42%の増額

老齢基礎年金は　0.7%×60か月＝42%の増額

も支給されていた、いわゆる満額支給でザックリ年金年額約２００万円とすれば、５年間で約１，０００万円が、この20年間でカットされた改革なのです。

この60歳から65歳までのブランクの期間のあなたは、どうなっていますか。

一般的には、定年再雇用で賃金は現役から見ればダウンしたが働いているよとか、資産家で家賃収入などの不動産収入があったり、会社経営されていて役員報酬が１，０００万円支給されているなどといった一部の方を除いては、決して楽な年金人生は過ごせないのではないでしょうか。

このブランクの期間はいろいろな対策が考えれますが、次章で解説する民間の個人年金保険などに若い頃から加入しておくなどの試みは、期日に保険会社が年金を必ず支払ってくれますので、有効な選択肢の１つではないかと思います。

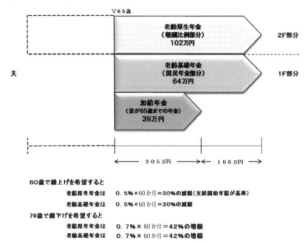

2　死亡時期65歳、あなたの生の年金と死の年金　生きてるうちに考えよう！

65歳の本来のコースで死亡の方

65歳で死亡の場合のシミュレーションは、図表37のようになります。

それによれば、65歳の本来のコースで死亡されたら、死の年金である遺族厚生年金だけの支給になります。生の年金は、ゼロです。一般的には、このようなケースが、年金を毎月を掛けてきて、損をしたようなとらえ方になります。

このシミュレーションを見れば、お気持ちは十分理解できます。何せ、年金を約40年近く掛けてきて、ゼロ円では誰しも納得できないのが道理です。ここで私か言いたいのは、配偶者などがいれば、受給条件がありますが、遺族年金が支給になるのです。

事例は、奥様と5歳違いを想定しましたが、もし10歳下の奥様であれば、死の年金は3，044万円になってきます。全額非課税（65歳以降の奥様の老齢年金額部分を除いて）の扱いになります。いかがでしょうか。65歳に仮に死亡することがあっても、死の年金も踏まえて考えれば、いくらか納得していただけるのではないかと思います。

このシミュレーションでも、前章と同様、奥様自身の65歳からの生の年金である老齢基礎年金

【図表37　65歳でガン等で死亡のパターン】
（本来のケース）

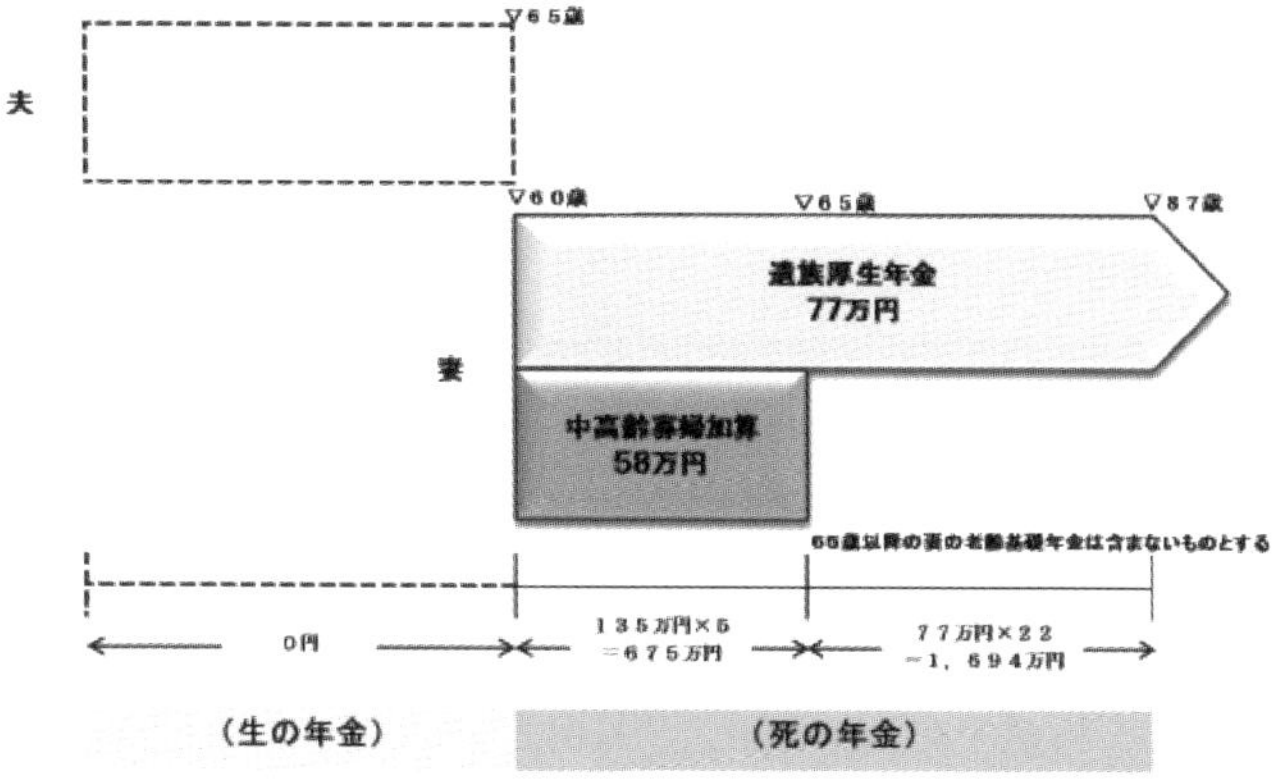

生の年金と死の年金合計　0円＋2，369万円＝2，369万円

【図表38　65歳でガン等で死亡のパターン】
（60歳に繰上げを選択したケース）

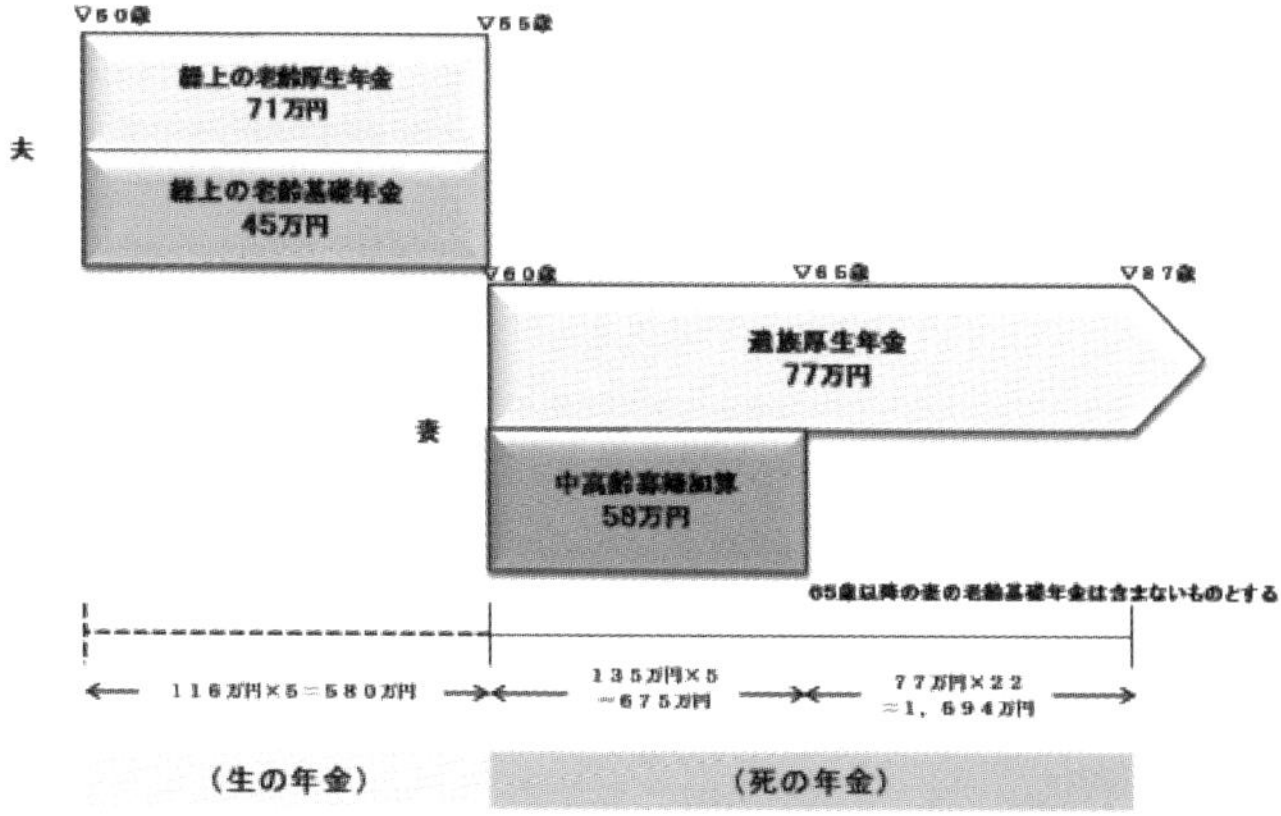

生の年金と死の年金合計　580万円＋2，369万円＝2，949万円

や1年以上厚生年金に加入していれば65歳から奥様の年齢によっては老齢厚生年金を受給することもありますが、あくまでも奥様は専業主婦で、ご主人の生の年金に対する死の年金のつながりを考えていますので、シミュレーションでは計算に入れていません。

ちなみに、受給開始年齢である65歳の誕生日3か月前までに、年金の請求書が年金事務所から郵送されてきますので、誕生日以後に請求書を年金事務所に請求すれば、年金が2か月に1回、2月・4月・6月・8月・10月・12月の偶数月の毎月15日にあなたの銀行口座に振り込まれます。そして、あなたの生の年金人生がスタートしていくのです。

3　死亡時期70歳、あなたの生の年金と死の年金　生きてるうちに考えよう！

70歳死亡のケース

70歳死亡のケースのシミュレーションは、図表39、40、41のようになります。

70歳死亡のケースでは、60歳繰上げ支給を選択したほうが、生の年金は有利のようです。70歳で死亡するというのは、人生まだ早いといった感じですが、読者のあなたは何歳までの人生を考えておられますか。

私は、自分で何歳まで生きると決めたパターンで自分の年金の方向性を考えるべきではないかと

【図表 39　70 歳でガン等で死亡のパターン】
（本来のケース）

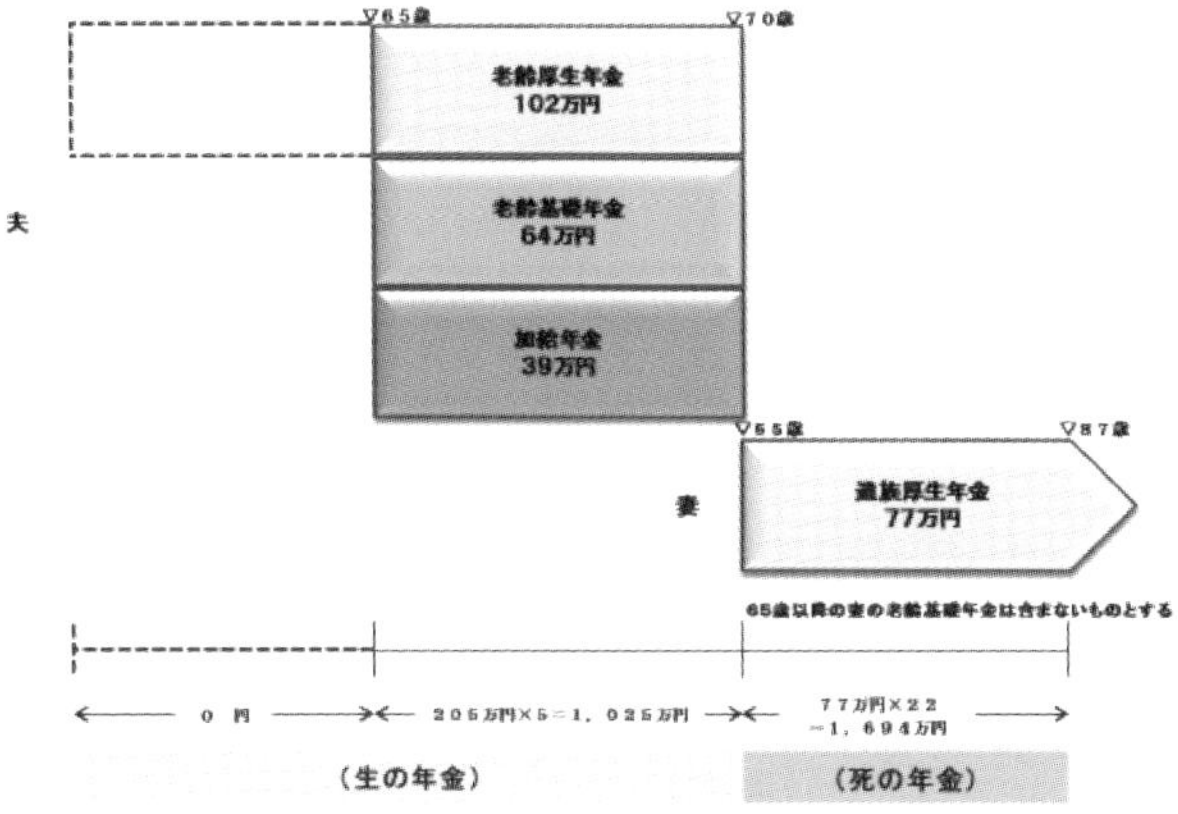

生の年金と死の年金合計　1，025万円＋1，694万円＝2，719万円

【図表 40　70 歳でガン等で死亡のパターン】
（60 歳に繰上げを選択したケース）

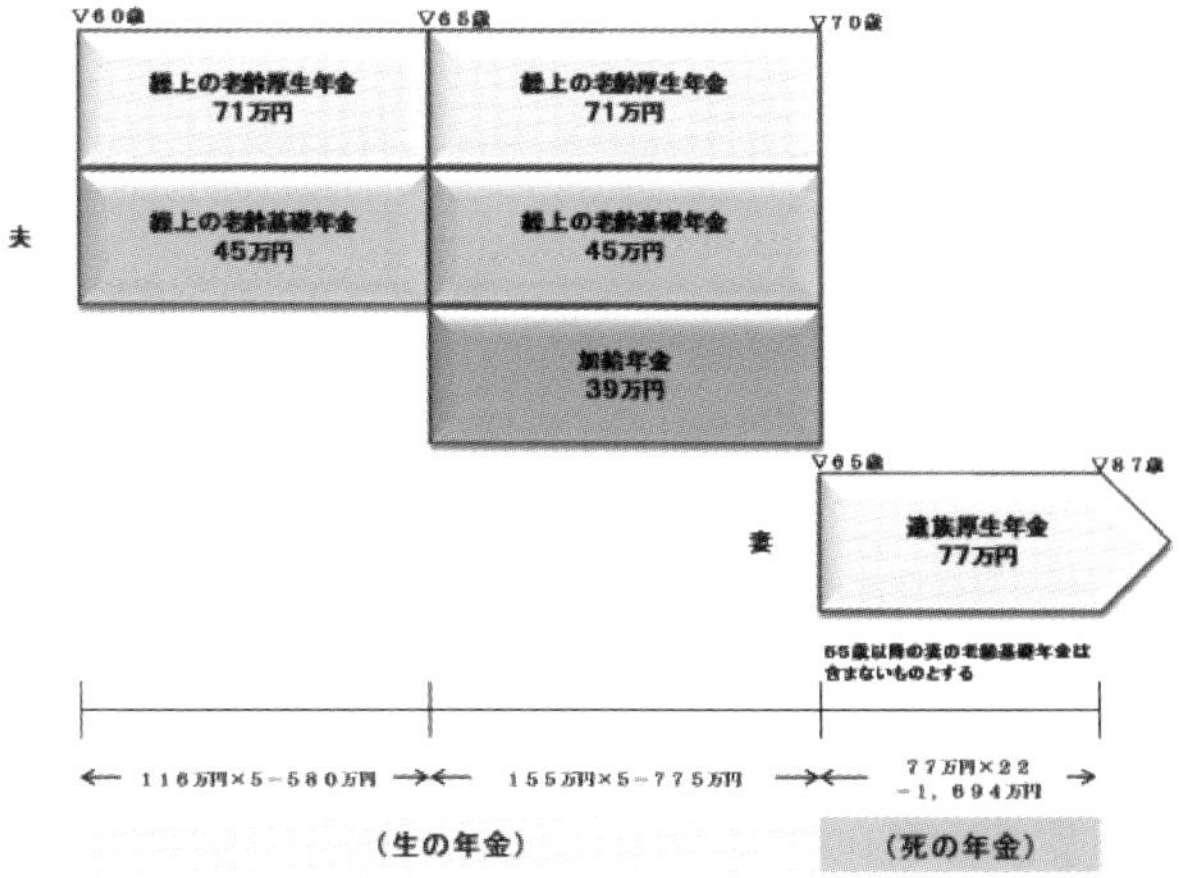

生の年金と死の年金合計　1，355万円＋1，694万円＝3，046万円

【図表41　70歳でガン等で死亡のパターン】
（68歳に繰下げを選択したケース）

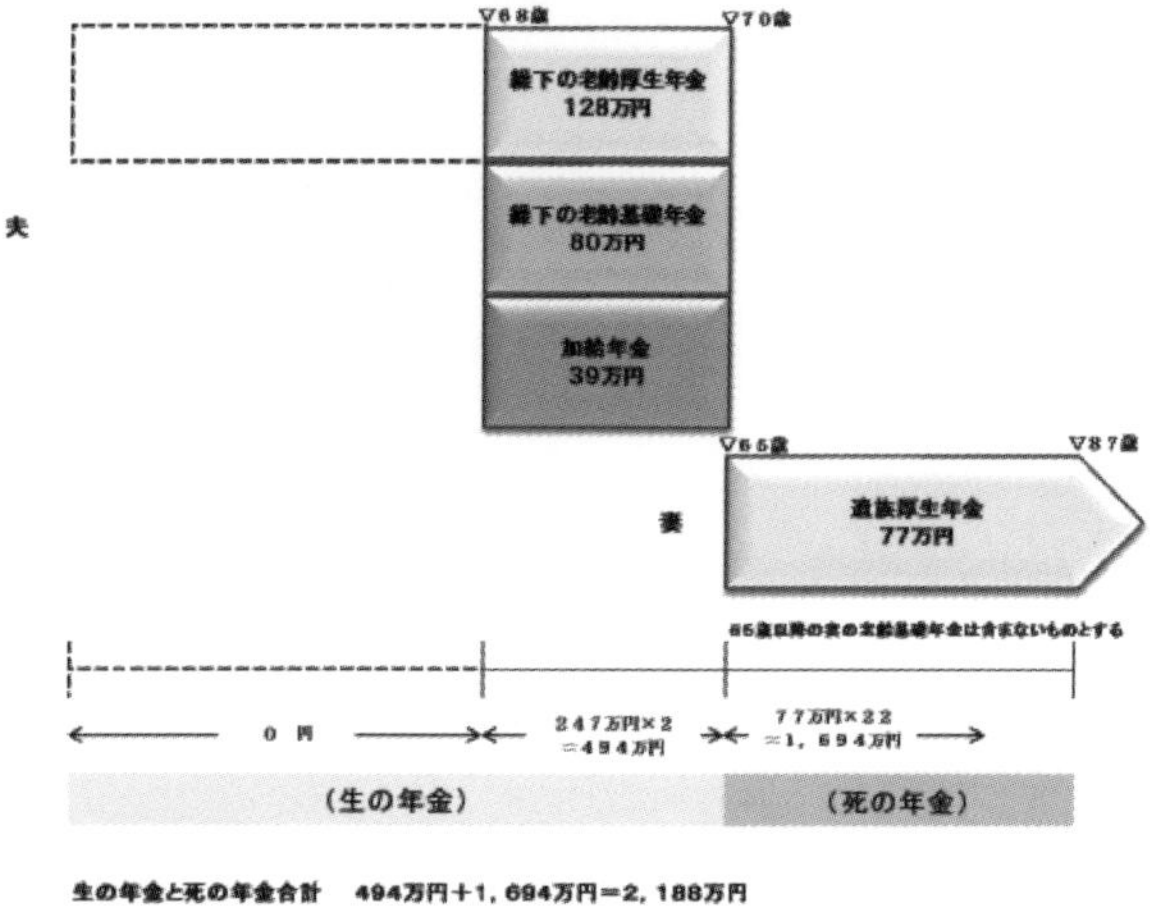

思います。

自分が70歳までの人生と決めて、繰上げ支給の選択をされることは、それはそれでベストな考え方です。自分が決めたのです。納得できるのではないかと思います。

そのように考えれば、今後の自分の人生にどのように取り組んでいけばいいのか、逆算して回答が見えてくるのではないかでしょうか。

このように、年金人生を考えるということは、必然的に人生の生き方も考えなくてはならなくなってきます。

いかがでしょうか。本書が、あなたの大切な大切な人生を見つめ直すきっかけの1つになれば幸いと思っています。

あなたの年金人生は、1度しかありません。現在の日本は、老後は年金という家を国がつくってくれていますが、住みやすい家にしたいものです。

4　死亡時期80歳、あなたの生の年金と死の年金　生きてるうちに考えよう！

80歳の年金人生

80歳死亡のケースのシミュレーションは、図表42、43、44のとおりです。
80歳まで生きたケースでは、今度は本来の年金受給のケースが生の年金で約２００万円ほど多くなってきています。このように見ていくと、80歳、いわゆる男性の平均寿命の1年前まで生きていくのであれば、年金人生は本来のコースが受給額という視点で見れば、有利な選択の１つということになります。

80歳というと、傘寿祝いといって、数え年で80歳の長寿のお祝いになります。傘寿の由来は、傘が中国語の略字で八十と読めること、また傘が開く、末広がり、などの意味からだといわれるようになったとのことです。この傘寿の前の長寿のお祝いは、一般的に、還暦祝いが60歳、古希のお祝いが70歳、喜寿が77歳となっています。

現代の日本は若々しい人が多く、長寿なので、この傘寿のお祝いあたりが長寿のお祝いらしくなってくるのではないかと思います。

男性として生まれた以上、この男性の平均寿命である傘寿までは生きたいものです。

【図表 42　80 歳でガン等で死亡のパターン】
（本来のケース）

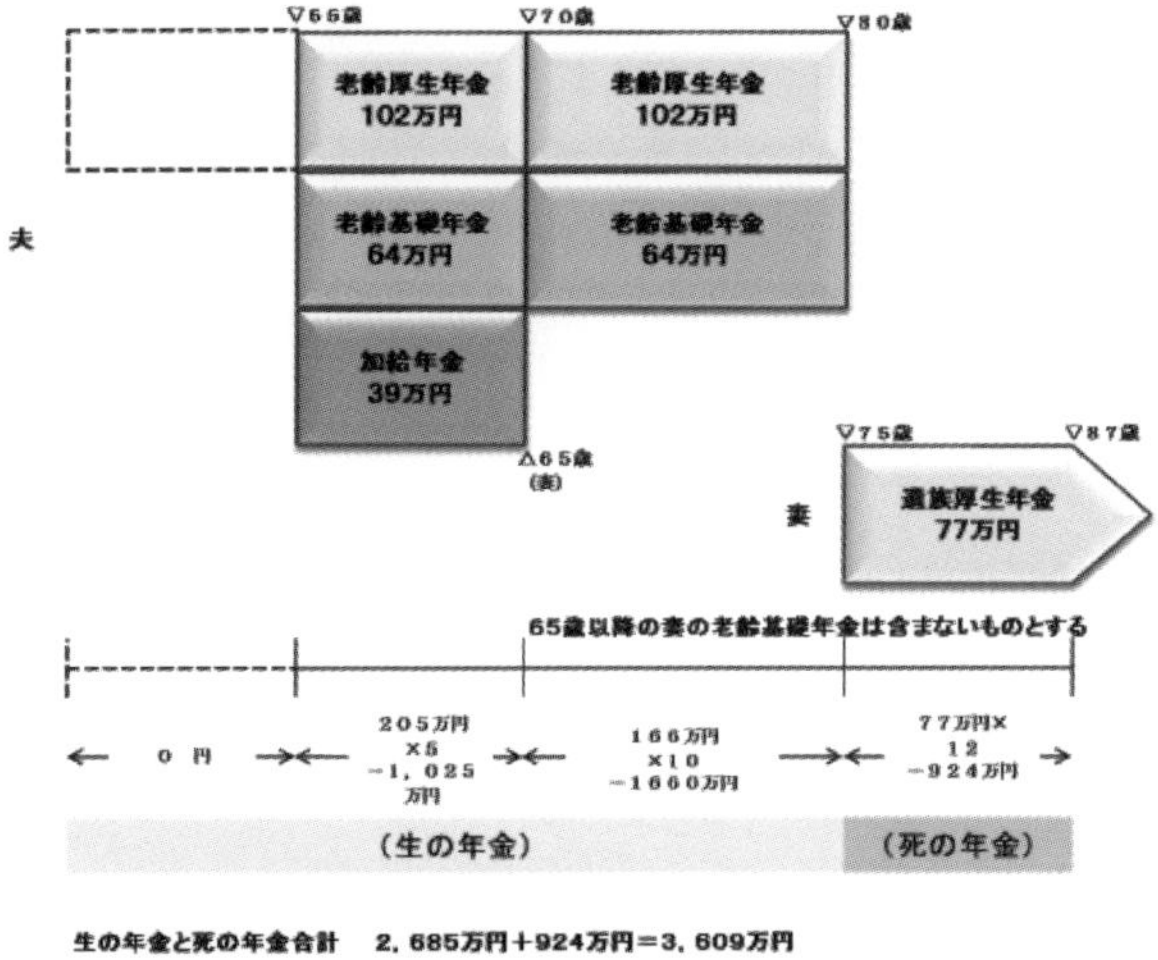

【図表 43　80 歳でガン等で死亡のパターン】
(60 歳に繰上げを選択したケース）

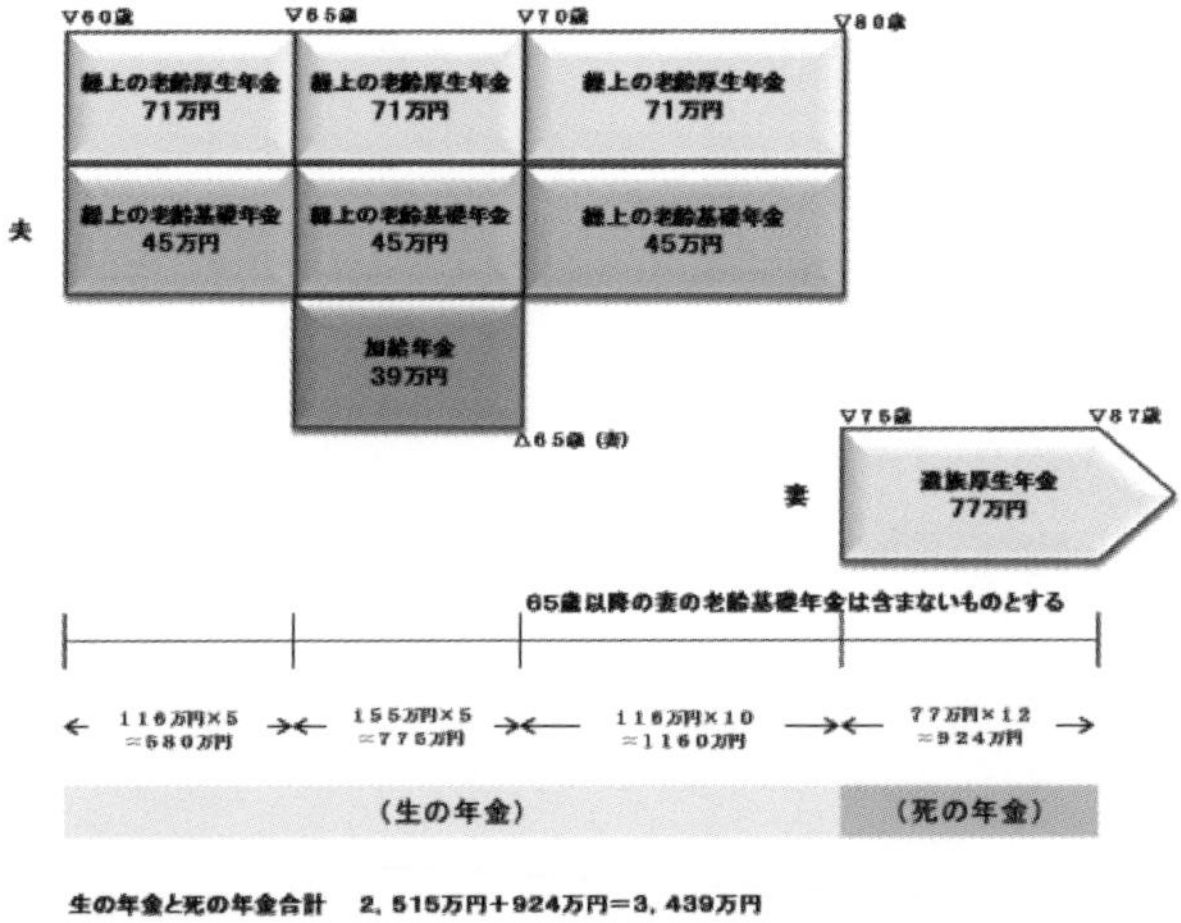

【図表44　80歳でガン等で死亡のパターン】
（70歳に繰下げを選択したケース）

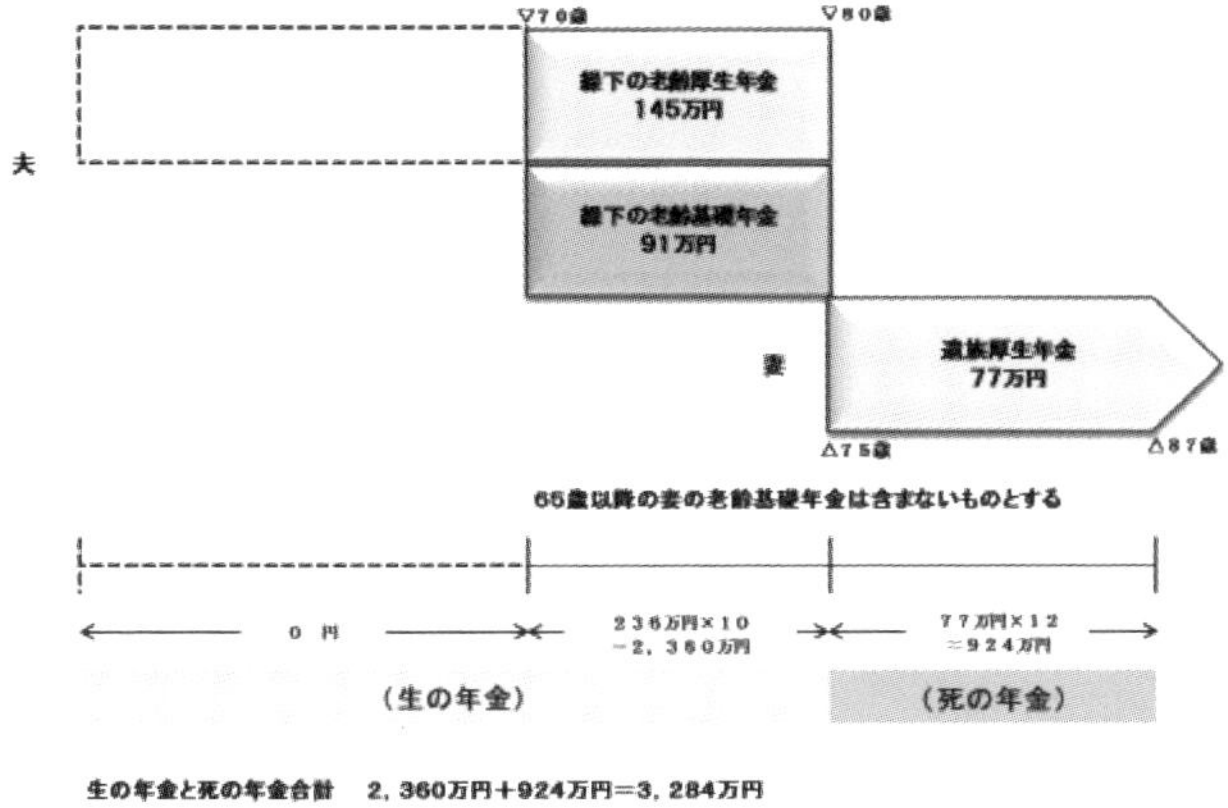

5　死亡時期90歳、あなたの生の年金と死の年金　生きてるうちに考えよう！

90歳の年金人生

90歳死亡のケースのシミュレーションは、図表45、46、47のとおりです。

このシミュレーションでは、繰下げを選択したケースが生の年金で4，720万円と最も受給額が多くなっています。次に、本来の受給、繰上げ支給選択の順です。

なので、女性の平均寿命である87歳までを考えるのであれば、繰下げ支給選択が一番有利になってくるのではないかと思います。

ちなみに、仮に上壽である100歳まで生きるとすると、生の年金は繰下げ支給選択で累計7，080万円・本来の受給で6，005万円・繰上げ選択のときは4，835万円と大きく金額が相違します。

【図表 45　90 歳でガン等で死亡のパターン】
（本来のケース）

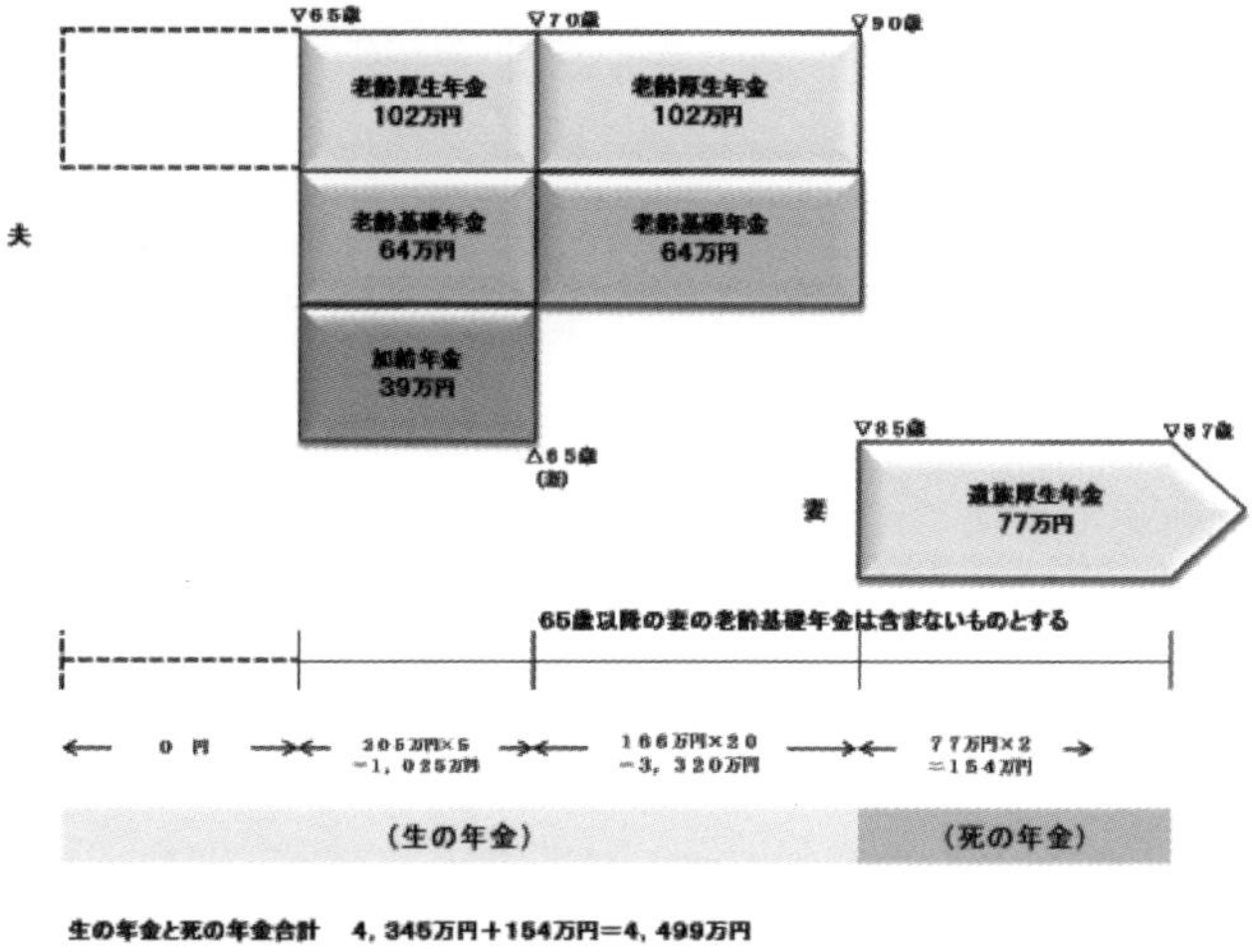

【図表 46　90 歳でガン等で死亡のパターン】
（60 歳に繰上げを選択したケース）

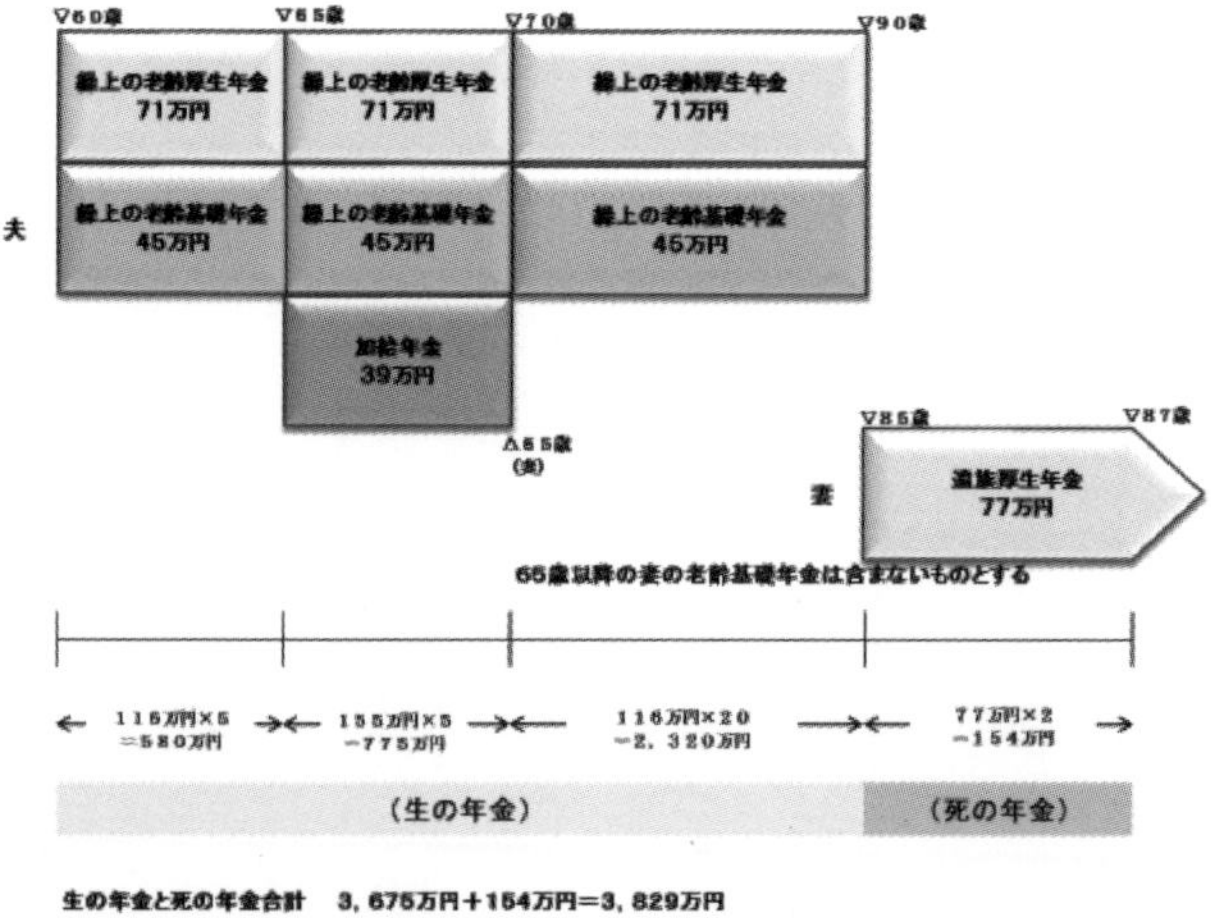

【図表47　90歳でガン等で死亡のパターン】
（70歳に繰下げを選択したケース）

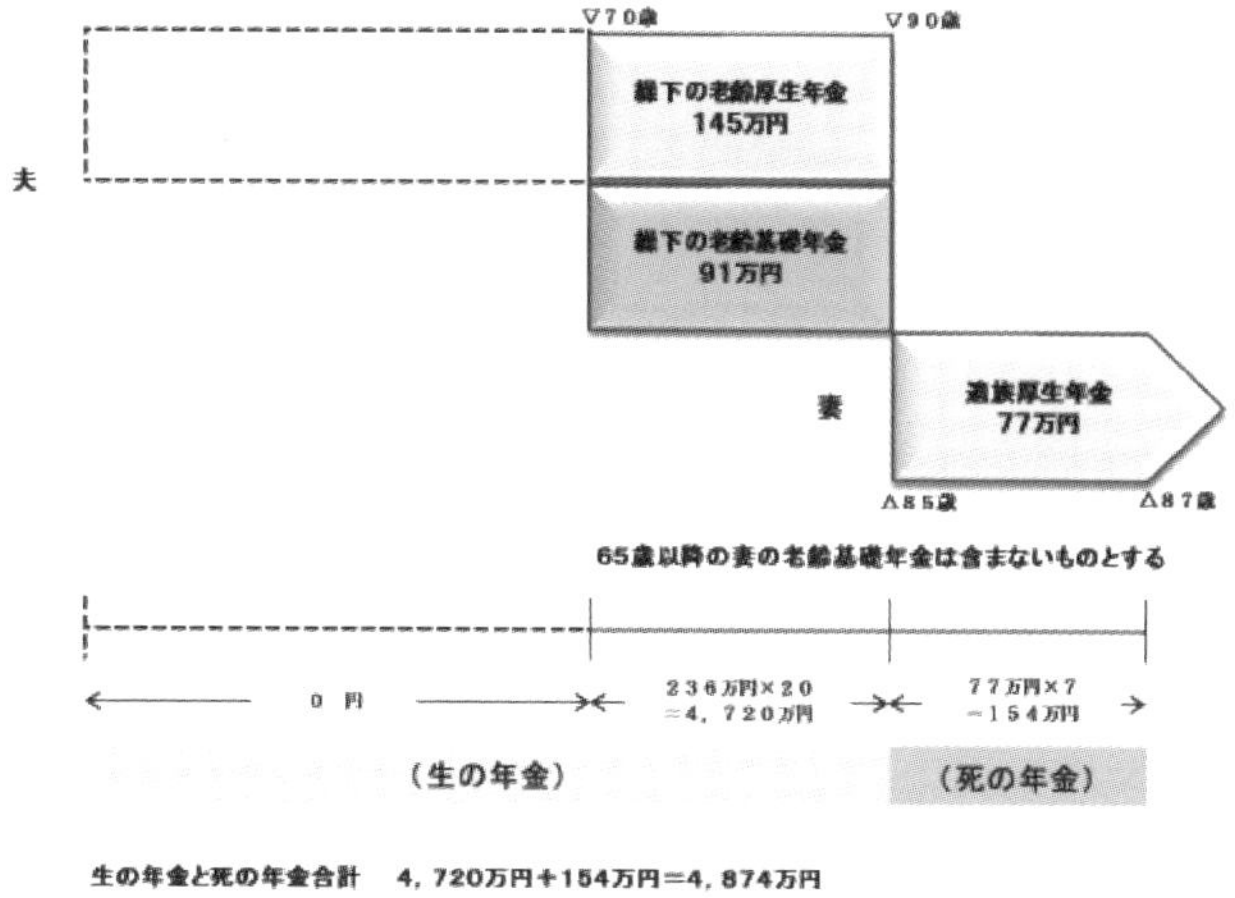

【図表48　生の年金総額】

	本来支給年金総額	繰上げ支給総額	繰下げ支給総額
65歳死亡	0万円	580万円	
70歳死亡	1,025万円	1,355万円	494万円
80歳死亡	2,685万円	2,515万円	2,360万円
90歳死亡	4,345万円	3,675万円	4,720万円
100歳死亡	6,005万円	4,835万円	7,080万円

年金人生の視点で考えると、女性は平均寿命87歳なので、できたら年金の繰下げ選択も選択肢の1つとして、人生長生きをしたほうが有利であるともいえなくはないと思います。

ここで、生の年金と死の年金の受給総額をまとめると、図表48、49のようになります。

いかがでしょうか。この年代の方

【図表49　死の年金総額】

	本来支給年金総額	繰上げ支給総額	繰下げ支給総額
６５歳死亡	2,369円	2,369万円	
７０歳死亡	1,694万円	1,694万円	1,694万円
８０歳死亡	924万円	924万円	924万円
９０歳死亡	154万円	154万円	154万円

のケースも、前章の昭和30年4月2日以降生まれの方と本来の受給・繰上げ受給・繰下げ受給の受給額から見た有利性は同じです。

2つのパターンでも、男性の平均寿命まで生きるのであれば本来の受給であり、それ以前の77歳までであれば繰下げ受給であり、日本女性の平均寿命である87歳以降も生きるのであれば、年金を単に受給額という視点で見ると繰下げ受給が有利であるということは、変わりませんでした。

したがって、ご自分の年金人生を生きていくうえで重要なことは、何歳まで自分は生きるのだと決意して、現在59歳で70歳までの人生設計を考えるのであれば、70歳までの11年間でやらなければならないことが見えてくるのではないかと思います。

人間は、やはり期限を決めて目標を立てて生きていかなければ、人生の成長もないし、責任感も薄れてきます。何といってもボケてしまうと思います。

長寿の祝いと年金人生

いつまで生きるか人生を考えるうえで参考になるのが、古来か

【図表50　長寿のお祝いと年金人生】

名前	読み方	数え年	いわれ	年金人生
還暦	かんれき	数え年61歳	60年で生まれた年と同じ干支（えと）に還ることから還暦といわれる	60歳以降定められた年齢で年金受給開始（繰上げは60歳までに、繰下げは65歳までに決める）
古希	こき	数え年70歳	杜甫（とほ）が「人生七十古来稀なり」とよんだことにより広まり、古希といわれる	
喜寿	きじゅ	数え年77歳	「喜」の草書体が七十七となることから喜寿といわれる	60歳繰上受給と本来のコースの損益分岐点およそ77歳より（令和4年4月改正後はおよそ81歳より）
傘寿	さんじゅ	数え年80歳	「傘」の略字が八十に見えることから傘寿といわれる	男性の平均寿命（81歳）
米寿	べいじゅ	数え年88歳	「米」を分解すると八十八になることから米寿といわれる	女性の平均寿命（87歳）
卒寿	そつじゅ	数え年90歳	旧字体「卆」は縦に読むと九十になることから卒寿といわれる	繰下げ受給70歳と本来のコースの損益分岐点およそ82歳より（令和4年4月改正後75歳繰下げのときはおよそ87歳より）
白寿	はくじゅ	数え年99歳	「百」から「一」をぬくと99になることから白寿といわれる	
紀寿　百寿	きじゅ	数え年100歳	人の寿命の長さを表し、上寿（100歳）、中寿（80歳）、下寿（60歳）といわれる	

らある「干支」の考え方ではないかと思います。

十二支は、12匹の動物ですが、十干とは甲・乙・丙・丁・戊・己・庚・辛・壬・癸であり、十二支と十干を組み合わせたものを干支というそうです。

この干支は、「甲子から癸亥」の60種類あるため、61年目にもとの干支に還ることになり、数え年の61歳を「還暦」というのだそうです。図表50には、長寿のお祝いを一覧にしました。この長寿のお祝いの事例をご覧になられて、どのように思われましたか。

本章では、年金が65歳からしかもらえない年代の方のシミュレーションをしてみました。基本的には、前章のケースとあまり相違しないことが理解できます。いかがでしたでしょうか？

様々な思いが出てきたのではないでしょうか。生活に余裕があるので、繰下げを真剣に考えてみるか、または再雇用で給料が大幅にダウンするので繰上げ選択をするしか選択肢がないなど、あなたの人生の今まで築き上げてきたある意味の決算をこの時期にすることになってくるのだと思います。

私の社会保険労務士の仕事柄、年金相談など受けて感じることは、多くの中小企業のサラリーマンでは、繰下げ選択できる人はまだほとんどいないのではないかと思われます。それほど中小企業のサラリーマンでは年金を受給していかないと生活が成り立たないというのが私の実感です。

一部の大企業や公務員の方は、企業年金等もあり、繰下げなど検討できるのもこの方々かもしれません。したがって、大半のサラリーマンは、60歳以後も再雇用で働き続けないと生活そのものが成り立たない時代になってきているのではないかと思われます。なので、繰上げ・繰下げ・本来支給のどの選択をすべきかは、個々人個人の状況により様々であると言えます。

本書であなたの年金人生の道筋がいくらかでも見えてくれれば著者としてこの上ない喜びです。

5章　高額所得者の年金（役員報酬を貰い続ければ生涯継続される年金の併給調整）

1　役員報酬50万円の社長の年金

本章では、比較的高額報酬を貰っている会社社長のケースを年金の受給という視点で考えたいと思います。３章の図表26でも記載していますが、年金を受給して、役員報酬を得ていると図表51のように60代前半では合計が28万円を超えると、その超えた2分の1の年金額が支給停止になるということです。

図表51の60代前半は令和４年４月からは60代後半と同じ計算式になるように改正されました。したがって、これまで60代前半は全額停止でしたが、令和４年からは役員報酬50万円で基本年金月額15万円でも６万円は支給されることになります。

このケースで、年金15万円を満額受給したいのであれば、60代前半は28万円―15万円の13万円未満の役員報酬にしなければなりません。60代後半であれば47万円―15万円の32万円以内の役員報酬にする必要があります。

ちなみに60代後半の在職老齢年金の早見表は図表52です。年金月額と役員報酬（役員賞与を含む総報酬月額相当額）の合計が47万円を超えた分の2分の1の年金が支給停止になります。

この図表52では、年金月額と役員報酬の額がわかれば年金の支給額が簡単にわかりますので参考にしてください。

また、70歳になられても、社長として役員報酬を貰うとなると、貰い続けている限り在職老齢年

【図表 51　在職老齢年金計算例】

役員報酬50万円（ 役員賞与なし）　年金基本月額15万円（ 厚生年金）
60代前半 （ 47万円＋15万円−28万円） ×1/2+（ 50万円−47万円） ＝20万円 支給停止額20万円で年金は**全額支給停止**
60代後半（ 老齢基礎年金は対象外） （ 50万円+ 15万円−47万円） ×1/2＝9万円 支給停止額9 万円で15万円−9万円で**6万円の支給**

【図表 52　60 歳代後半の在職老齢年金早見表】

（単位：万円）

年金月額	総報酬月額相当額														
	9.8	15.0	20.0	25.0	30.0	35.0	40.0	45.0	50.0	55.0	60.0	65.0	70.0	75.0	78.0
1.0	1.0	1.0	1.0	1.0	1.0	1.0	1.0	1.0	0.0	0.0	0.0	0.0	0.0	0.0	0.0
2.0	2.0	2.0	2.0	2.0	2.0	2.0	2.0	2.0	0.0	0.0	0.0	0.0	0.0	0.0	0.0
3.0	3.0	3.0	3.0	3.0	3.0	3.0	3.0	2.5	0.0	0.0	0.0	0.0	0.0	0.0	0.0
4.0	4.0	4.0	4.0	4.0	4.0	4.0	4.0	3.0	0.5	0.0	0.0	0.0	0.0	0.0	0.0
5.0	5.0	5.0	5.0	5.0	5.0	5.0	5.0	3.5	1.0	0.0	0.0	0.0	0.0	0.0	0.0
6.0	6.0	6.0	6.0	6.0	6.0	6.0	6.0	4.0	1.5	0.0	0.0	0.0	0.0	0.0	0.0
7.0	7.0	7.0	7.0	7.0	7.0	7.0	7.0	4.5	2.0	0.0	0.0	0.0	0.0	0.0	0.0
8.0	8.0	8.0	8.0	8.0	8.0	8.0	7.5	5.0	2.5	0.0	0.0	0.0	0.0	0.0	0.0
9.0	9.0	9.0	9.0	9.0	9.0	9.0	8.0	5.5	3.0	0.5	0.0	0.0	0.0	0.0	0.0
10.0	10.0	10.0	10.0	10.0	10.0	10.0	8.5	6.0	3.5	1.0	0.0	0.0	0.0	0.0	0.0
11.0	11.0	11.0	11.0	11.0	11.0	11.0	9.0	6.5	4.0	1.5	0.0	0.0	0.0	0.0	0.0
12.0	12.0	12.0	12.0	12.0	12.0	12.0	9.5	7.0	4.5	2.0	0.0	0.0	0.0	0.0	0.0
13.0	13.0	13.0	13.0	13.0	13.0	12.5	10.0	7.5	5.0	2.5	0.0	0.0	0.0	0.0	0.0
14.0	14.0	14.0	14.0	14.0	14.0	13.0	10.5	8.0	5.0	3.0	0.5	0.0	0.0	0.0	0.0
15.0	15.0	15.0	15.0	15.0	15.0	13.5	11.0	8.5	6.0	3.5	1.0	0.0	0.0	0.0	0.0
16.0	16.0	16.0	16.0	16.0	16.0	14.0	11.5	9.0	6.5	4.0	1.5	0.0	0.0	0.0	0.0
17.0	17.0	17.0	17.0	17.0	17.0	14.5	12.0	9.5	7.0	4.5	2.0	0.0	0.0	0.0	0.0
18.0	18.0	18.0	18.0	18.0	17.5	15.0	12.5	10.0	7.5	5.0	2.5	0.0	0.0	0.0	0.0
19.0	19.0	19.0	19.0	19.0	18.0	15.5	13.0	10.5	8.0	5.5	3.0	0.5	0.0	0.0	0.0
20.0	20.0	20.0	20.0	20.0	18.5	16.0	13.5	11.0	8.5	6.0	3.5	1.0	0.0	0.0	0.0
21.0	21.0	21.0	21.0	21.0	19.0	16.5	14.0	11.5	9.0	6.5	4.0	1.5	0.0	0.0	0.0
22.0	22.0	22.0	22.0	22.0	19.5	17.0	14.5	12.0	9.5	7.0	4.5	2.0	0.0	0.0	0.0
23.0	23.0	23.0	23.0	22.5	20.0	17.5	15.0	12.5	10.0	7.5	5.0	2.5	0.0	0.0	0.0
24.0	24.0	24.0	24.0	23.0	20.5	18.0	15.5	13.0	10.5	8.0	5.5	3.0	0.5	0.0	0.0
25.0	25.0	25.0	25.0	23.5	21.0	18.5	16.0	13.5	11.0	8.5	6.0	3.5	1.0	0.0	0.0
26.0	26.0	26.0	26.0	24.0	21.5	19.0	16.5	14.0	11.5	9.0	6.5	4.0	1.5	0.0	0.0
27.0	27.0	27.0	27.0	24.5	22.0	19.5	17.0	14.5	12.0	9.5	7.0	4.5	2.0	0.0	0.0
28.0	28.0	28.0	27.5	25.0	22.5	20.0	17.5	15.0	12.5	10.0	7.5	5.0	2.5	0.0	0.0
29.0	29.0	29.0	28.0	25.5	23.0	20.5	18.0	15.5	13.0	10.5	8.0	5.5	3.0	0.5	0.0
30.0	30.0	30.0	28.5	26.0	23.5	21.0	18.5	16.0	13.5	11.0	8.5	6.0	3.5	1.0	0.0

【図表53　在職老齢年金計算例】

役員報酬100万円（役員賞与なし）年金基本月額20万円（厚生年金）
60代前半 （47万円＋20万円−28万円）×1/2+（65万円−47万円）＝37.5万円 支給停止額37.5万円で年金は**全額支給停止**
60代後半（老齢基礎年金は対象外） （65万円+20万円−47万円）×1/2＝19万円 支給停止額19万円で20万円−19万円で**1万円の支給**

金の年金の支給停止の制度が適用され続けていくことになります。ただし、65歳からの老齢基礎年金は、この制度の対象外なので、支給停止はかかりません。いかがでしょうか。

2　役員報酬100万円の社長の年金

役員報酬100万円（役員賞与なし）で年金基本月額20万円のケースの計算例は、図表53のとおりです。いかがでしょうか？

60代後半で年金が1万円支給されるといった状態です。厚生年金の報酬は、賞与がなければ標準報酬が上限65万円なので65万円で計算してあります。先ほどの図表52の年金月額20万円と総報酬月額相当額65万円の交差する個所が1万円となっています。したがって、この表を見ればいくらの役員報酬で年金が支給されるかよく理解できると思います。

ここで、確認しておきたいのは、在職老齢年金の支給停止に含まれる賃金いわゆる総報酬月額相当額は、あくまでも、厚生年金保険被保険者（70歳以上のときは厚生年金保険70歳以上被用者）として会社から受ける報酬・賞与のみで計算されます。しかも実額ではなく、標準報酬月額・標準賞与額で計算されることになります。

したがって、株式の配当とか、不動産収入とか個人年金などや、厚生年金の適用事業所ではない事業所から受ける報酬などもこの在職老齢年金の計算には影響しないので、いくらもらっていても問題ありません。

3　65歳になる前に年金の繰下げを選択すべきか、また今後の年金はどう考えるか

65歳からの年金請求書（ハガキ）がきたらどうすべきかですが、前述したように老齢厚生年金・老齢基礎年金ともに繰下げ選択するときは、返送しなければいいことになっています。この請求書については、どのように記載して年金事務所に返送すればいいのかはよく受ける質問の1つです。

65歳からの年金のもらい方には次の4パターンがあります。

① 老齢厚生年金・老齢基礎年金とも原則に基づき65歳から受給。
② 老齢厚生年金は65歳から受給し、老齢基礎年金を繰り下げる。
③ 老齢基礎年金は65歳から受給し、老齢厚生年金は繰り下げる。
④ 老齢厚生年金・老齢基礎年金とも繰り下げる。

①の選択で老齢基礎年金・老齢厚生年金ともに65歳から受給するときは、ハガキを返送しなけれ

ば支給されません。

②、③の選択で老齢基礎年金か老齢厚生年金のどちらかを繰下げするときも、そのことを記載してハガキを返送しなければなりません。

どちらも繰り下げる④の選択のときは、実務的にはハガキを返送しなくていいので66歳から70歳までの時点でも、老齢厚生年金・老齢基礎年金について次のいずれかの選択ができます。

イ　65歳到達月の翌月分に遡って増額されない年金をまとめて受け取り、今後は増額されない年金を受給する。

ロ　66歳以降の時点で繰下げを申し出て、申し出た翌月分から増額された年金を受給する。

また、年金の請求の時効は5年ですので、それを過ぎると過ぎた分は請求できないので注意も必要です。

ただし、本章の社長のケースのように、65歳以降も役員報酬を受給しているケースでは、繰下げは慎重に考える必要があります。なぜなら、支給停止部分は繰下げしても加算されないからです。

したがって、高額所得者における人生100年時代の年金のあり方をどう考えるかは、高額の所得で厚生年金の受給を諦めるか、役員などを退任して老齢厚生年金を受給するかの選択ではないかと思います。

何億も収入がある方であれば、年金などいらないという方もいるのではないでしょうか。この機会に1度ご自身の年金について年金事務所などで納得するまで相談されることをおすすめします。

6章

「生の年金」と「死の年金」民間の年金ではどうなる？

1　民間の年金は国の年金とどう違うのか

国の年金だけでは満足な年金人生は送れない

この章では、国の年金ではなく、民間の年金について考えます。5章までで繰上げ支給とか繰下げ支給の選択など、国の年金の打出の小槌などの仕組みについても考えました。

本書の読者の方は、大半がこれから年金を受給していく世代かと思いますが、私のシミュレーションなどを見ても、国の年金だけでは、これからの世代は満足していける年金人生は送れないということが理解できるのではないかと思います。

元公務員とか、大企業のサラリーマンで、年金年額約300万円以上ある、またその他の収入が十分あるといった、パレートの法則のいうところのいわゆる2割の方以外の約8割の中小企業の多くのサラリーマンの方については、やはり国の年金を第一年金と考えるならば、第二年金といえる民間の年金制度は、これからの世代には絶対に必要な課題になってくるでしょう。

この第二年金は、1章で解説しましたが、年金の3階建ての家で考えるならば、この3階部分の増改築になってくるのではないかと思います。

民間の年金と国の年金の大きな考え方の違いは、国は世代間で助け合うという考えですが、民間の年金は、積立方式で、個人がどれだけ積み立てたかがポイントです。

また、国の年金は、障害・死亡などの給付もありますが、民間は老齢年金とその死亡時の給付だけの内容です。さらに、保険料の支払いにおいても、国の年金は全額非課税になりますが、民間は支払個人年金保険料の所得税最大４万円、住民税２万8，000を上限としての非課税制度があるのみです。

このように、国と民間では、年金の考え方には大きな違いがあります。なので、年金人生を考える基本は、第一年金である国の年金をベースに考え、第二年金の民間の年金で、先ほど解説したように家の３階部分の増改築といった年金のリホームを考えていかなければならないのではないかと思います。

したがって、これから年金人生を迎える多くの方は、その他の収入があまり期待できないのであれば、サラリーマン時代から民間の年金などに加入しておかなければ、老後が経済的に大変になってくるということです。

民間の保険というと、死亡したときの生命保険に3，000万円とか4，000万円加入しているケースが多いですが、保険料の拠出が厳しいのであれば、生命保険の保険料をいくらか取り崩してでも、個人年金に加入すべきではないかと思います。

サラリーマンであれば、厚生年金に加入していますので、その給付内容を総合的に考えるならば、3，000万円、4，000万円の死亡保障はいらないのではないかと思います。私も、22年間保険会社に在籍しておりましたので、保険会社の事情もよく理解できますが、一般サラリーマンで厚生年金に加入している方であれば、死亡保障は2，000万円もあれば十分でしょう。厚生年金の給付内容は、その差額の死亡保障を補う十分な制度です。

いかがでしょうか。老後が今のままでは心配だと思われたならば、今からでも遅くはありません。民間の年金などの第二年金は、今すぐ考える必要があると思います。なぜ今すぐかといいますと、民間の年金は、年齢が上がれば上がるほど保険料がアップしてしまうからです。

個人年金と国民年金では国民年金が有利

ここである保険会社の個人年金のシミュレーション（図表54）と国民年金のシミュレーション（図表55）を紹介したいと思います。この2つのシミュレーションを見てどのように感じましたか。

国民年金については、令和2年度の価格で単純に計算してあります。15年間の年金額の受取り累計だけでも、国民年金が有利であり、毎月の保険料の税制の有利性や、65歳からの所得税の公的年金控除の110万円などからも、いかに国民年金の制度が有利であるかご理解いただけるでしょう。

死亡したときなどは、18歳未満の子供さんがいるといった支給要件はありますが、遺族に国民年金の遺族基礎年金が、民間の個人年金のときは掛金相当額が死亡保険金として支払われるのみであるのからみても、国民年金の有利性は揺るがない事実です。やはり、世代間で助け合う制度である国民年金、一方自己責任の積立て型の民間の個人年金とを比較すれば、その給付内容に差が生じてくることはやむを得ないことです。

【図表 54 民間の年金保険の仕組み（20 歳のケース）】

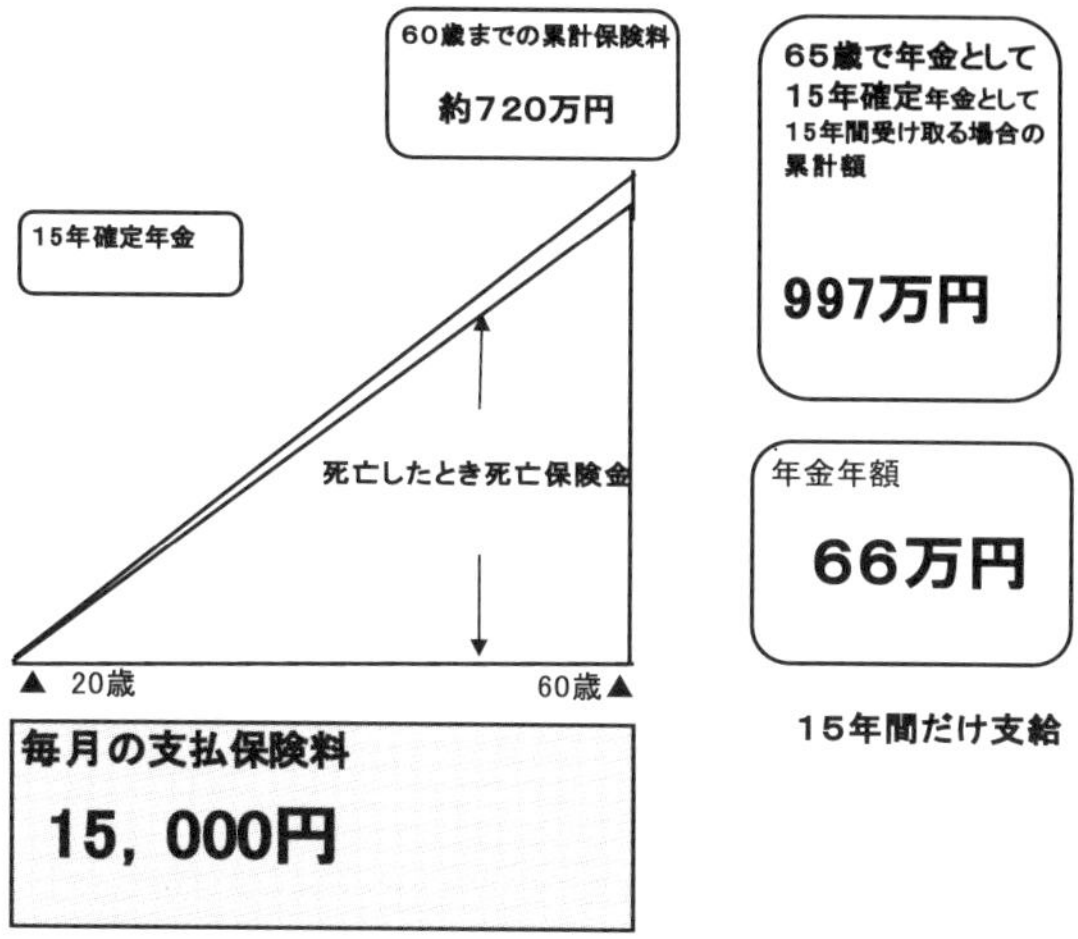

【図表 55 国民年金の仕組み（20 歳のケース）】

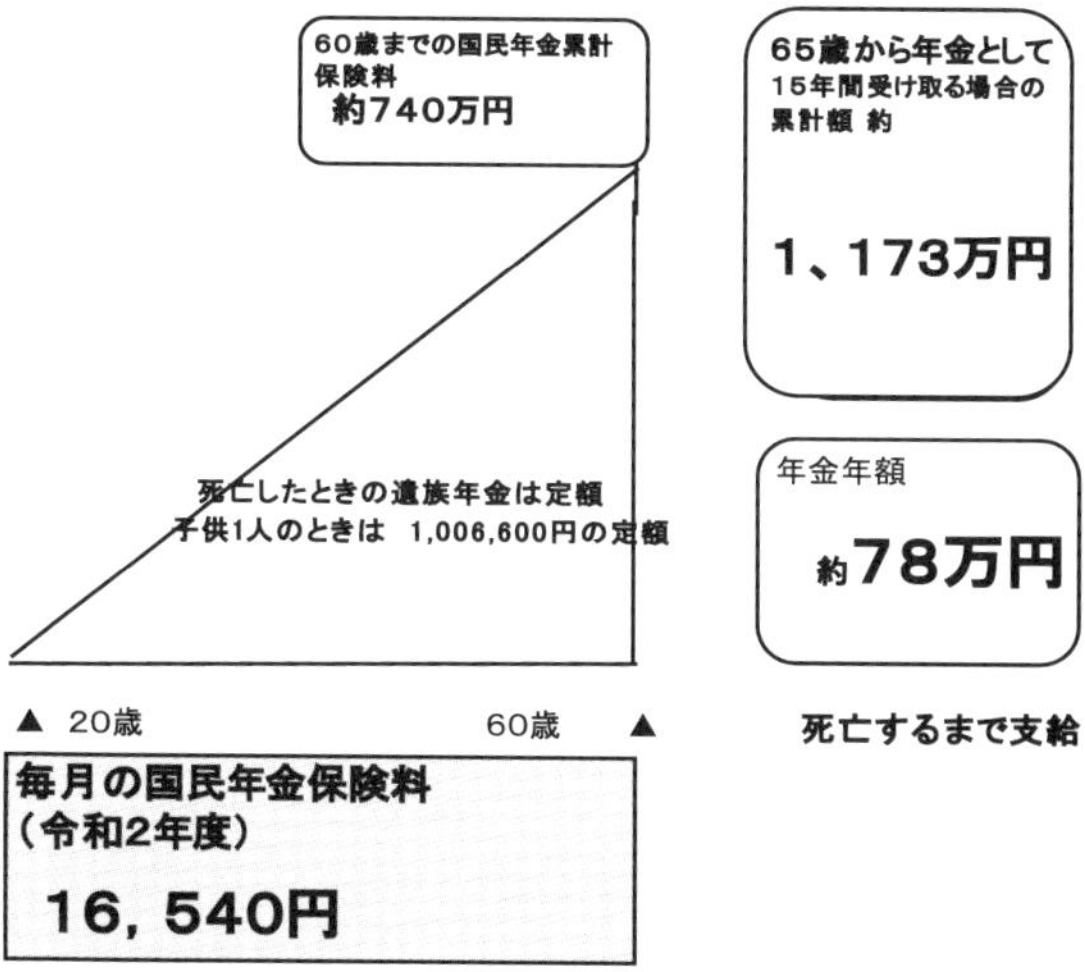

なので、以前から議論になったことがある民間の会社が、国の年金制度を肩代わりすることは、このような単純な比較からも、なかなかできることではないことがわかります。

民間の年金は第二年金の位置づけ

このような事実からも、国の年金が第一年金であり、民間の年金は第二の年金としての位置づけで年金の住宅の3階部分の増改築するということが、基本的な年金人生の考え方になるのではないかと思います。

2 民間の年金の死後の年金はどのような仕組みか

民間の個人年金の死亡したときの給付は

前項で説明しましたが、民間の個人年金の死亡したときの給付は、基本的には、保険料払込期間内であればその時点での解約返戻金相当額であり、年金開始後の死亡でその年金が確定年金であればその確定期間内の年金支給未払残額が死亡したときに遺族に支給されます。

ただし、遺族は、国民年金のように18歳未満の子がいないと支給されないといった考え方はなく、契約時に定めた受取人に支給されることになっています。また、国の年金のように、障害になったので障害年金が受給できないかといった、障害での給付は民間の個人年金にはありませんので、ご確認ください。

もっとも、何年か契約していたならば、お金が入用のときは、保険の解約返戻金から契約貸付を受けることができるといったメリットも民間の年金にはあります。

熟年離婚と個人年金

解約というお話をしましたが、この個人年金は、もし、あなたが60歳前後に熟年離婚などやむなく離婚した場合、前述の離婚のシミュレーションでおわかりのように、厚生年金が奥様に強制的に婚姻期間中の奥様との合算した報酬部分の５割が持っていかれてしまいます。少ない人で２万円前後から多い人で6万円前後、あなたの厚生年金が少なくなってしまうのです。

なので、このときは、民間の個人年金は大変重要な第二の年金となってきます。おそらく離婚時の財産分割のお話でも、あなたの個人年金を解約してその解約返戻金の半分までよこせとまでは、言われないでしょう。何せ、奥様が年金分割であなたの厚生年金をいくらか持っていくわけですから……。したがって、離婚時にあなたの個人年金は、おそらくあなたの権利として残っていきます。

また、離婚時に失われた年金を取り戻せないかと思うのなら、年金の繰下げ制度を活用して、毎月３万円減額になるのであれば、毎月３万円増加するように、あなたの年金を何年か繰下げする制度を選択すれば可能となります。

【図表56　65歳支給の年金を繰下げ支給申請したとき
（65歳支給時年金月額20万円のケース）】

（単位：円）

支給開始年齢	月額	年額	5年合計	増加年金額	年間増加額	年利
65歳	200,000	2,400,000	12,000,000	0	0	0%
66歳	216,800	2,601,600	13,008,000	1,008,000	201,600	1.7%
67歳	233,600	2,803,200	14,016,000	2,016,000	403,200	3.3%
68歳	250,400	3,004,800	15,024,000	3,024,000	604,800	5.0%
69歳	267,200	3,206,400	16,032,000	4,032,000	806,400	6.7%
70歳	284,000	3,408,000	17,040,000	5,040,000	1,008,000	8.4%

詳しいことは、拙著の「熟年離婚と年金分割　熟年夫のあなたコロナ離婚などないと思い違いをしていませんか」（セルバ出版刊）に紹介してありますので、ご参考にしてください。

熟年離婚のリスク対策

ここで、年金を繰り下げたときのシミュレーションを参考のために図表56に掲載します。

このシミュレーションを見ていただければわかりますが、65歳支給を5年据え置いて70歳支給を選択しますと、月額20万円が月額28万円にまでなります。

3万円の年金分割でのマイナスであれば、67歳支給で2年間据え置けば取り戻せることになります。この据置期間の部分を個人年金などで対応するということも十分考えられます。いかがでしょうか。

ここでは、民間の年金のことについて解説していますが、民間の個人年金では死後の年金はその解約返戻金相当額ということですが、生の年金として考えるならば、あなたの人生で最も辛い出来事になるかもしれない熟年離婚による年金分割時には、大変なリスク対策になってくるということも十分理解しておいてください。

今や熟年離婚は、離婚件数の約3分の1になるともいわれています。また、この熟年離婚は、ある日突然前触れもなく熟年のあなたを襲ってくるのです。

3 国の年金以外に民間の年金は掛ける必要があるのか

民間の年金の加入は少ない

国の年金以外に民間の年金に加入する必要があるかについて、あなたはどう思われましたか。

私は、22年間、民間の生命保険会社に勤務していました。その経験で考えると、ほとんどの熟年サラリーマンは、3，000万円とか4，000万円の死亡保障タイプの生命保険には加入しているか、個人年金となると加入している人は驚くほど少ないのが実態ではないかと思います。

奥様が個人年金に加入しているケースはよく耳にしますが、ご主人となると加入している人は1割も満たないのではないでしょうか。

40歳と50歳の年金保険

熟年になればなるほど、個人年金の仕組みのうえで保険料がアップします。例えば、40歳と50歳の保険料のイメージは、図表57、58のようになります。いかがでしょうか。

40歳・50歳の事例で、年金月額5万円で10年確定年金のケースです。保険料の捻出が厳しい状況

【図表57　年金保険の仕組み（40歳のケース）】

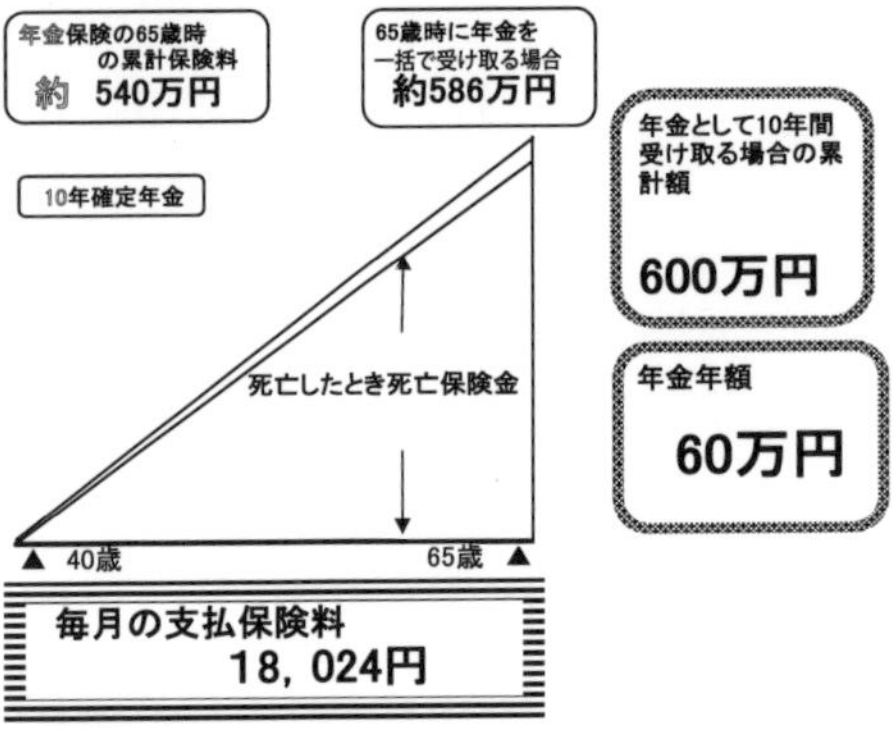

	5年	10年	20年
累計保険料	108.1	216.2	432.5
解約返戻金	94.5	206.6	449.2

（単位　万円）

【図表58　年金保険の仕組み（50歳のケース）】

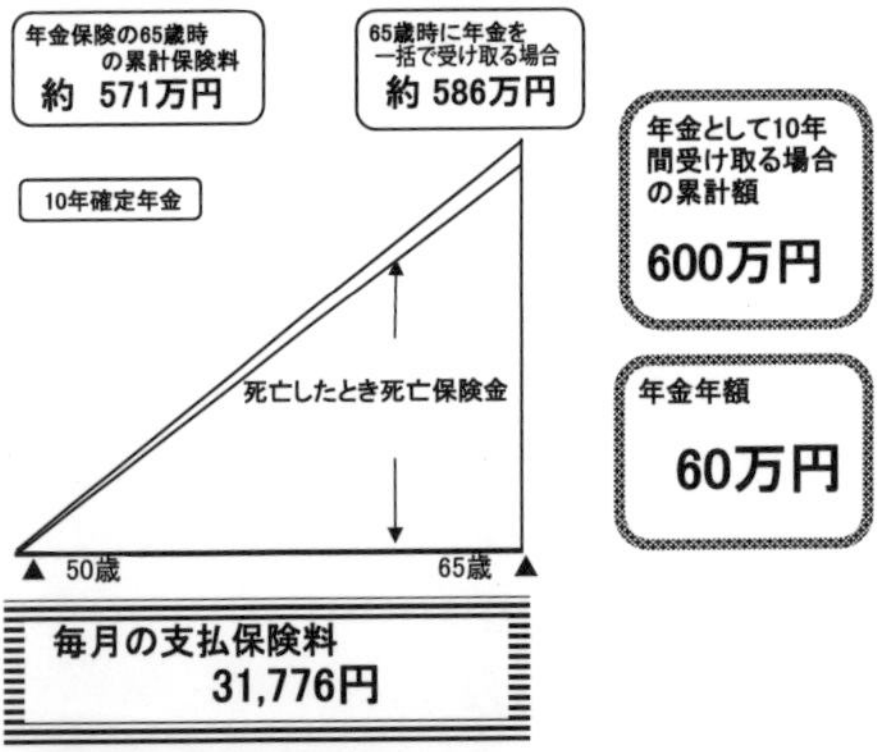

	5年	10年	13年
累計保険料	190.6	381.3	495.7
解約返戻金	175.1	374.7	499.6

（単位　万円）

であれば、保障型の生命保険の保険金4，000万円を2，000万円に減額するなどの対策で捻出するといった考えでもいいのではないかと思います。

私の持論ですが、厚生年金に加入しているということは、生命保険と比較して考えれば老齢・障害・死亡の保障があり、これらの給付内容を考えれば、民間の生命保険の商品ではとても設計できない給付内容になっています。

第2年金の選択

具体的には、平均給与40万円（平均標準報酬額41万円）で40年勤続の平均的なサラリーマンであれば、令和2年度の価格計算で、老齢厚生年金約108万円・老齢基礎年金約78万円の合計約186万円ですから、月額約16万円となります。月額16万円ということは、65歳から80歳までの合計は約2，880万円になります。死亡したときは、老齢厚生年金の4分の3の遺族厚生年金約81万円が支給されます。

仮に、死亡時、夫65歳で奥様が60歳であれば、奥様の平均余命87歳までの27年間で、遺族年金が約2，187万円支給されることになります。このように厚生年金に加入しているサラリーマンであれば、最低でも約2，000万円の死亡保障があるとはいえないでしょうか。

したがって、一般的なサラリーマンであれば、生命保険は、2，000万円も加入していれば保障としては十分ではないかと思います。なので、その差額分は、個人年金の加入というのが理にかなっていると思っています。

民間の個人年金については、ここまで考えてきましたが、読者のあなたが定年後、家賃収入などの不動産収入などがあり、生活資金に心配がない場合は必要ないと思います。しかし、心配な方は、第二の年金である民間の個人年金などは必要な選択ではないでしょうか。

4　三村式年金選択加入方式

三村式年金受給法

次に、前節の民間の個人年金を活用して、国の年金である国民年金と厚生年金の繰下げ制度を最大に有効活用する仕組みを考えてみましょう。

この考え方の仕組みを三村式年金加入方式と命名してみました。

これは簡単にいえば、老齢厚生年金・老齢基礎年金を65歳に受給しないで、68歳とか70歳で受給するといった考え方です。前節で、年金を繰下げ支給したときの年金受給額のシミュレーションの図表56を掲載しました。65歳で年金受給月額20万円であれば、70歳の5年繰下げ受給により年金月額は約28万円になりました。

そこで、さらにシミュレーションを見ていただければ、70歳からの繰下げは5年間で約５００万円金額が増加しています。1年の繰下げでも5年間で約100万円が増加します。

この金額、現在の日本の低金利の時代にこれだけの内容の金融商品があるでしょうか。金融商品と比較するのも可笑しいかもしれませんが、それほどこの繰下げ支給はすごい内容なのです。

年金を繰り上げてもらうことはよく話題になりますが、繰り下げる方は現実的にも少なく、あまり話題にのぼることもこれまでありませんでした。

しかしながら、熟年離婚で年金が失われてしまう男性などにとっては、大変な問題です。ましてや、元妻が浮気でもして男と再婚などすれば、失われた年金への思いは恨みにも似たものとなるでしょう。

熟年離婚で失われた年金も取り戻せる

熟年離婚により年金を減額される方の視点だけでなく、今日の低金利の時代、この年金の繰下げほど有利な制度は今の日本にはないのです。何せ国家が保障しているのです。

私は、熟年離婚のように、失われた年金を取り戻したいと考えるのであれば、この繰下げの選択もいい方法ではないかと思います。毎月2万円ほど減額された男性であれば、約1年間年金の申請を我慢すればいいのです。減額が5万円であれば3年間の我慢です。納得できる話ではないでしょうか。

ここで問題になるのが、どうしてブランクの期間生活すればいいのかです。資産家で、お金持ちであれば、どうにでもなるお話ですが、一般的なサラリーマンにおいては、1年・3年と年金をもらわないで生活していくのはなかなか至難の業です。

年金保険の活用

ここで、俄然注目をあびてくる対策が、先ほども説明した年金保険の活用です。

先ほどの年金のシミュレーションをしてみると、図表59のようになります。

図表59の毎年60万円の年金ですが、この10年確定年金を5年で受け取れば、月額5万円でなく10万円で受給できます。年金月額20万円が必要であれば、30歳の保険料12，108円の2倍の24，216円の保険料の支払いで可能です。

【図表59　年金保険の仕組み（30歳のケース）】

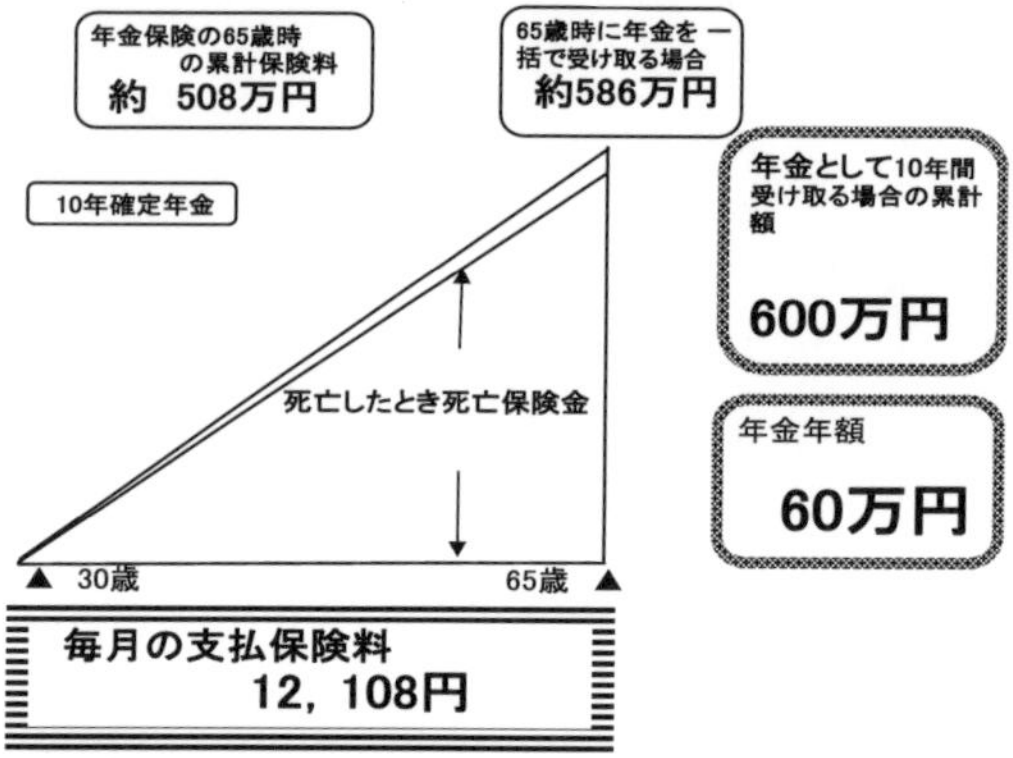

	5年	10年	20年
累計保険料	72.6	145.2	290.5
解約返戻金	60.3	135.5	294.4

（単位　万円）

この年金の加入の選択で、老齢年金を5年繰り下げて受給しても、何と5年間の500万円のプラスの受取りとなります。

このことは、単に離婚分割の男性の対応にとどまらず、資産家の方など、FPの視点でも大変意義のある取組みの1つになるのではないかと思います。

私も、本書を書くまでは、ここまで気がつきませんでした。なので、この保険の加入のやり方を三村式年金選択加入方式として考えました。

【図表60 三村式年金選択加入方式(70歳年金開始選択のとき)】

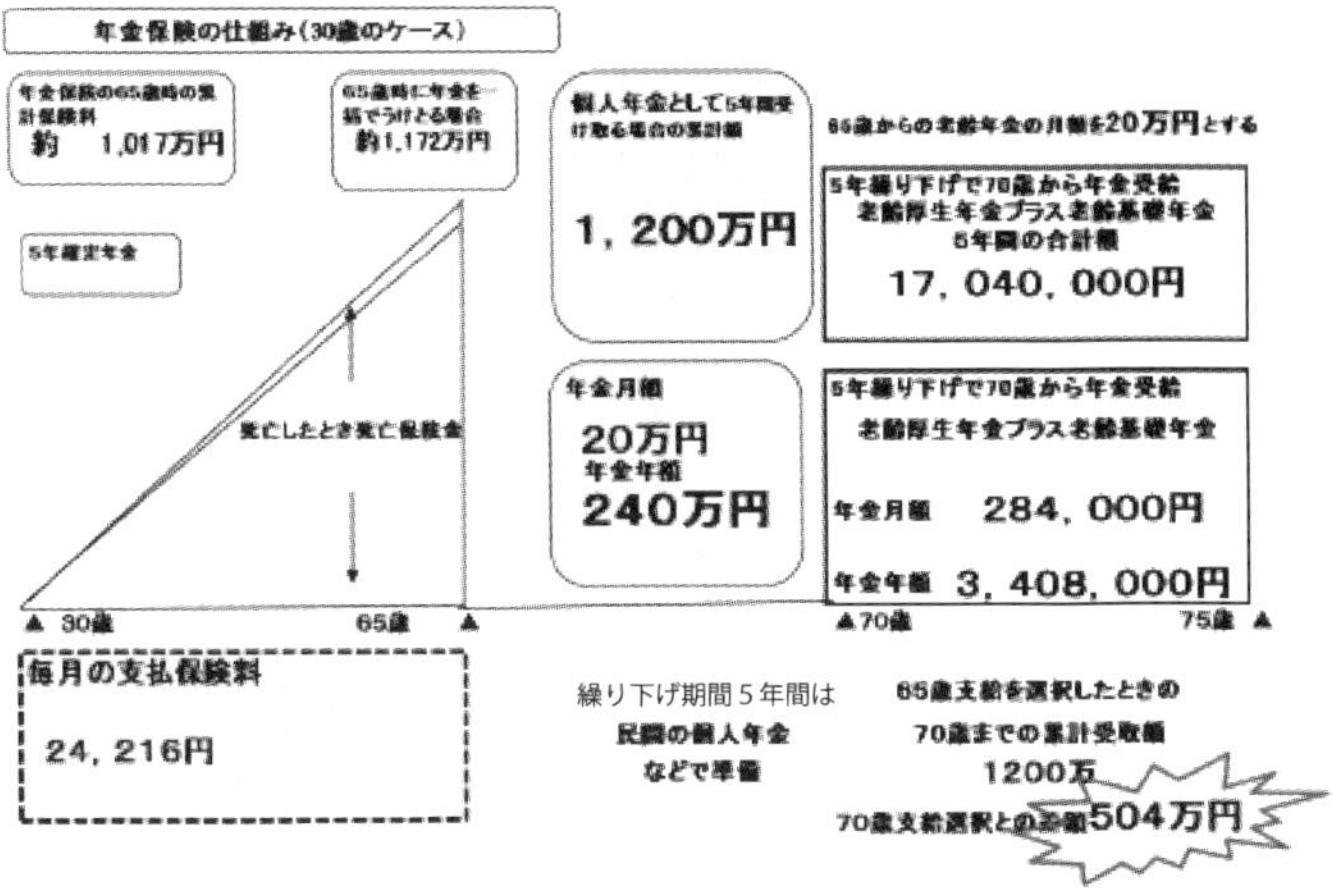

	5年	10年	20年
累計保険料	145.2	290.4	581
解約返戻金	120.6	271	588.6

単位 万円

三村式年金選択加入方式を採用することにより
老齢厚生年金+老齢基礎年金を5年繰り下げることで
5年間で約504万円の年金額が増加したことになります。
ただし、インフレとかデフレは考えない純粋な差額です。

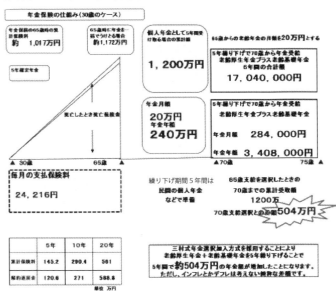

三村式年金選択加入方式

この制度をまとめると、図表60のようなイメージになります。

図表60を参考にしていただければ、いかに老齢年金の支給繰下げは効果が大きいかがご理解できたのではないかと思います。まさに、人生の死というものを担保にした、ある意味確実な金融商品に運用した投資ではないでしょうか。年金ですから、投資などと一緒にするなとのお声も聞こえてきそうですが、資金的に余裕がある熟年男性であれば、検討する価値は十分あるのではないかと思います。

コロナの影響で、2020年の東京オリンピックの延期が決まりました。私は、ちょうど65歳を迎えます。くしくもこのときが今回提案の三村式年金選択加入方式の選択の年になります。私は、生涯現役で100歳人生設計を考えていますので、自分で考案したこの三村式年金選択加入方式はぜひ取り組んでみたい課題の1つだと思っております。

私のケースですと、4章の繰下げのシミュレーションからもご理解いただけると思いますが、100歳まで生きると仮定すると、年間で約70万円年金が増加しますから、70歳から100歳までの30年間で約2，100万円年金をプラスさせることができます。この年金の繰下げ制度は、年金受給額という視点で見れば何と素晴らしいのでしょうか。われわれ社会保険労務士のような実務家でさえ、ほとんど真剣に考えなかった制度です。

なお、本書で取り上げた個人年金のデータは、ある1つの保険会社のデータであり、詳細な内容は会社ごとに相違してくることをお断りしておきます。

5　人生100年時代の年金

年金人生のシミュレーション

これまで生の年金や死の年金、または個人年金などについて考えてきましたが、日本の現在の平均的老齢年金の男性の受給月額16万円では、生活がなかなか厳しいのが現実です。会社の社長さんで毎月役員報酬が100万円あるとか、不動産収入などで毎月50万円あるなどといった方は必要ないかもしれませんが、これからの大半の定年を迎えるサラリーマンであれば、定年後も再雇用など短時間で働いて賃金をもらい続けていくことが避けられない時代になってきました。

この定年後の働くということは、年金人生での3階建ての家の3階部分の増改築になってくるのだと思います。なので、現役のように50万円、60万円とはいきませんが、20万円前後の収入があれば何とかなっていくのではないでしょうか。第1年金が国の年金・第2年金が民間の個人年金など・第3年金が自分で働くことによる年金と考えればいかがでしょうか。

次に、モデルパターンによる、年金人生のシミュレーションをしてみます。

年金人生のライフサイクル

図表61、62を見ると、平均的なご夫婦で、第1年金の総合計は約6,000万円という結果です。第2・第3年金を含めても約7,500万円です。ただし、死亡時期は男性の平均寿命81歳で計算しましたが、90歳とか生きていくのであれば、この数字は大きく変化していきます。

年金人生のライフサイクルが参考になれば幸いです。なお、このシミュレーションでは、奥様自身の生の年金である老齢基礎年金を仮に年額60万円として入れています。

この年金人生のライフサイクルを見ていくと、まだ、生活資金が少ないということであれば、奥様にも第3の年金として働いてもらうことにより、何とかなっていくのではないかと思います。

また、ご主人が死亡後、死の年金である遺族年金が年額90万円で、65歳からは奥様自身の老齢基

【図表 61　81 歳で死亡した年金人生のライフサイクル】

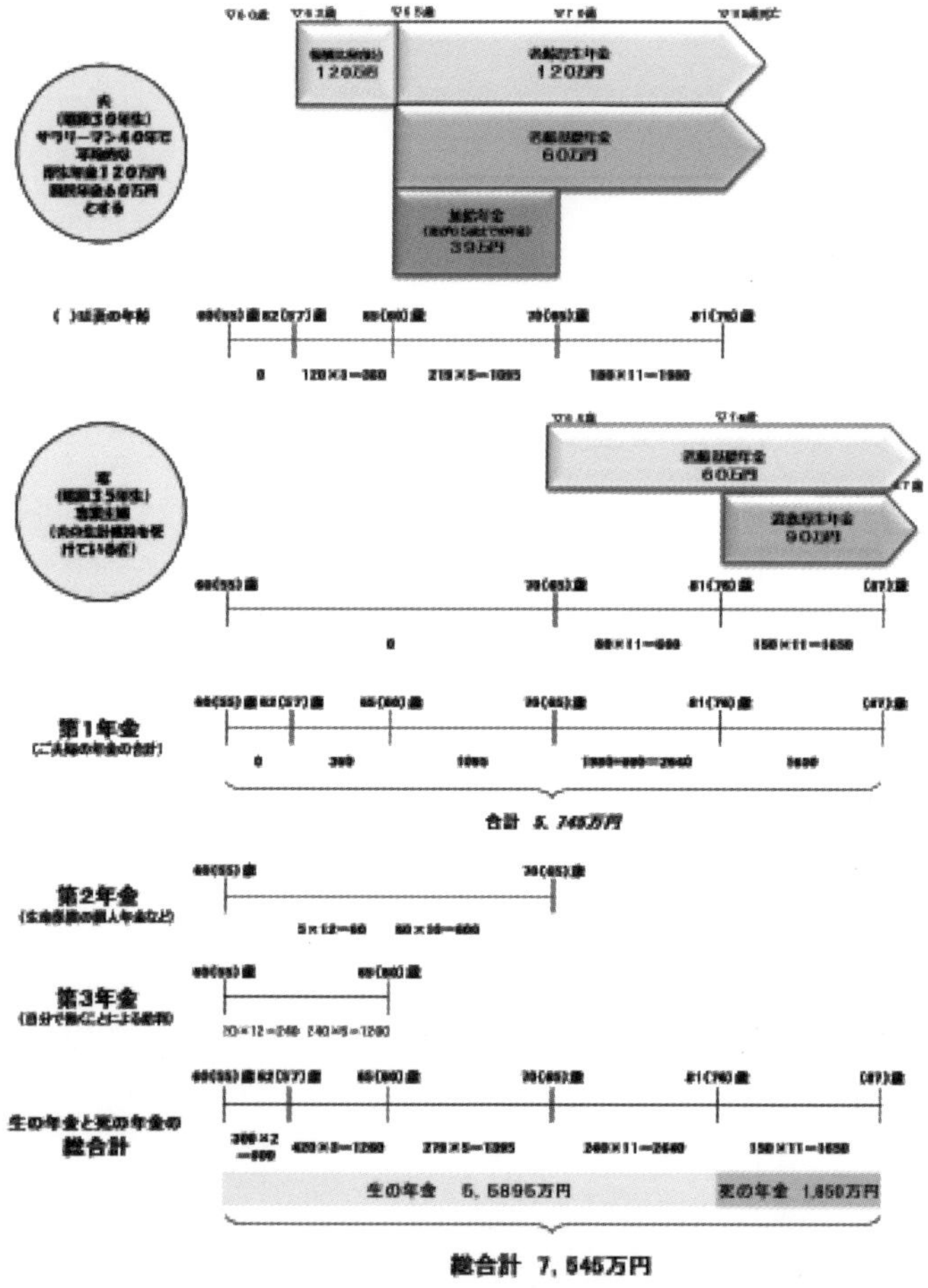

【図表62 第1年金・第2年金・第3年金】

			夫の年齢	60歳		62歳			65歳					70歳					75歳						81歳(死亡)				85歳以上
			妻の年齢	55歳		57歳			60歳					65歳					70歳						76歳				80歳
第1年金	夫	3F	基金等部分																										
		2F	厚生年金部分			120	120	120	120	120	120	120	120	120	120	120	120	120	120	120	120	120	120	120					
		1F	国民年金部分						60	60	60	60	60	60	60	60	60	60	60	60	60	60	60	60					
			加給年金など						39	39	39	39	39																
	妻	3F	基金等部分																										
		2F	厚生年金部分																										
		1F	国民年金部分											60	60	60	60	60	60	60	60	60	60	60	60	60	60	60	60
			遺族年金など																						90	90	90	90	90
第2年金	夫		個人年金等	60	60	60	60	60	60	60	60	60	60																
	妻																												
第3年金	夫		給与収入等	240	240	240	240	240																					
	妻																												
総合計			年額	300	300	420	420	420	279	279	279	279	279	240	240	240	240	240	240	240	240	240	240	240	150	150	150	150	150
			月額(年額÷12)	25	25	35	35	35	23	23	23	23	23	20	20	20	20	20	20	20	20	20	20	20	13	13	13	13	13

礎年金額60万円しかないというのも、奥様のことを考えると不安がよぎるところです。お子様がおられるなど、身内が近くにいればいいですが、子供さんもいないなど、老後がたった1人になるようなケースでしたら、この死の年金についてはもっと考慮する必要があると思います。

6　あなたは生の年金と死の年金どちらを重視するか

年金も生と死がある

　ここまで、生の年金と死の年金、また繰上げ支給・繰下げ支給、民間の個人年金など視点を変えて年金制度を考えてきました。この年金制度は、視点を生と死の2つの側面で考えれば、生の年金と死の年金の2つのグループに分けることができます。人生も生と死があるように、年金も生死があるのです。

　知人の葬式などに参加して初めて、生きていること、そしてお坊さんのお話などを通して死のことを真剣に誰もが考えるのではないでしょうか。年金も同じで、ほとんどのサラリーマンは、死の年金である遺族年金のことを真剣に考えることはないと思います。

　本書が、少しでも多忙なサラリーマンの方が遺族年金の存在とその内容の素晴らしさに気づいていただけるキッカケの1つになれば幸いです。

7章

人生100年時代！
生涯現役がこれからの年金での生き方

1　いつ死亡するかわからないから年金はどのタイプが有利か誰もわからない

年金人生の方向性を考える

前章でいつ死亡するかを判断して、年金人生の方向性を自分なりに考えてほしいとお話ししましたが、中にはそれがわからないし、決めることもできないといった方も多いのです。そのときは、平均寿命で考えるのも1つです。平均寿命は、確率でいえば一番高いケースになります。すなわち、男性81歳・女性87歳で、あなたの年金人生を考えるべきではないかと思います。

そのような視点で見ると、年金受給の損得からは、この年金制度は男性の平均寿命人生81年まで生きるとすると、繰上げ・繰下げよりも本来のパターンで受給したときが一番有利であることが前章のシミュレーションから理解できます。

ただし、令和4年から繰上げ支給の損益分岐点が81歳になりますが、繰上げを選択すると障害年金などに変更できないなどデメリットもあるので、平均寿命81歳までを考えるのであれば本来のパターン選択がいいのではないかと思います。

また、女性の平均寿命である87歳人生と考えるならば、繰下げの選択が有利な選択の1つになってきます。このようなことをいっても、人間、いつ死を迎えるか誰にもわかりません。ですから、本当は誰もわからないことかもしれません。ただ、人生を仮定することはできます。80歳まで生きるとか、100歳まで生きるとかです。

先日の新聞に、「100歳以上が8万4500人に　過去最多更新　88％が女性」という記事が掲載されていました。100歳以上のうち女性が7万975人、男性が9475人で、国内最高齢は、福岡の女性で117歳、男性は奈良の方で110歳だそうです。

もし、私がこの記事の方々のように100歳まで生きたらどうなるでしょうか。基本の年金受給で100歳までで6，311万円、70歳繰下げ選択で100歳までで7，386万円の年金受給総額となってきます。このように100歳までの年金人生で考えるならば、65歳～5年繰下げの年金人生は、約1，000万円多く受給する結果になります。

100歳まで生きる人生プランが必要か

前章でのシミュレーションでもわかるように、生の年金は多くても一般的に4，000万円ほどかと思いますが、人生100年となると、6，000万円から7，000万円と倍近くにもなってくるのです。

改めて、国の年金の、素晴らしさがご理解いただけるかと思います。民間の保険は上限がつきものですが、国の年金はないのです。ある学者の研究では、人間は120歳まで生きることが可能のようです。

さて、読者のあなたは、この年金人生この現実を考えるならば、今後人生１００年時代に１００歳まで生きると仮定しての人生のプランニングも必要ではないかと思います。

2　65歳はまだまだ現役

多くのサラリーマンの定年後の実態

前項で１００歳以上の高齢者の方のお話をしましたが、いかがでしたか。このように考えると、65歳なんてまだまだ現役ではないかと思えてきませんか。私は、日常、社会保険労務士の仕事をしているので、いろいろなお客様とお話する機会も多いです。とくに、中小企業の社長さんなどをはじめ、65歳はまだまだ現役を感じます。大半の社長が、少なくても75歳までは十分会社経営はやっていけるのではないかと思います。

読者の皆さんの周りの65歳前後の方を想像してみてください。その気になれば、まだ働ける方が多いことに気づくはずです。ただし、日本の多くのサラーリマンの方は、現役時代は会社人間で猛烈に働いてきましたが、定年後のあり方については会社は何も教えてくれません。なので、定年後何もすることがなく、またたくまに老け込んでしまっているといった方も多いとはよく聞きます。

ましてや、多くのサラリーマンの方は、奥様と違って、会社の経済的人間関係だけで生きてきている方が多いので、定年後誰とも会話する友達がいないというのも、日本の多くのサラリーマンの定年後の実態ではないかと思います。

私は、サラリーマン時代の先輩にお会いすると驚くことがあります。現役時代オーラで輝いていたのに、今見ると目は窪み、目の色はサバの眼になっており、背中も丸めて歩いているといった変化には驚くことがあります。1日中テレビがお友達のような実態です。周りにも何人かいませんか。

最近では、このような夫たちと別れたがる熟年妻が本当に増えてきています。いわゆる熟年離婚です。同居期間25年以上の熟年夫婦の離婚は、ここ10年以上で2倍以上に増えており、30年以上だと3倍近くにもなってきているようです。コロナショックでコロナ離婚も増えています。

しかも、そのほとんどが、妻からの申立てによるもののようです。65歳になって熟年離婚に至れば、食事もまともにつくれない熟年夫に待っているのは、自分の老齢年金が年金の年金分割により毎月4万から5万円減額され、自宅は奥様に取られ、やがては寂しいアパートの1人暮らしです。

生の年金だけに頼らない

このようなことにならないためにも、生の年金だけに頼らず、短時間勤務でもいいですから、定年後も何かお仕事をやり続けていくことがいいのではないでしょうか。生活費は、年金で何とかなると思いますので、65歳以降は働くことが自分の第3年金だと思って働いて、年金人生の3階部分を増改築し、ゆとりのある年金人生にしていくべきです。

私は、ある意味では、生涯現役で働き続けることが自分年金になってくるのではないかと思います。

社会教育家の田中真澄先生は、「生涯現役こそ最高の年金」と言われています。こうも語られています。「人生は未完に終わるもよし、仕事の途中で天寿を全うする、これが最高の人生」と。

仕事を金儲けの手段として考えている人は、手っ取り早くお金を貯めて、早くリタイアしたいと思うかもしれません。しかし、人に喜ばれ、お役に立つためにするものが仕事と考えている人は、人生最後の瞬間まで仕事をやめることはないはずです。

読者のあなたも、人生100年時代、生涯現役で生きたいと思いませんか。

現在の日本は、少子高齢化で、若者が少なくなってきており、大変な求人難になっています。また、コロナ渦により新しい働き方が模索されております。このよう時代背景からも、定年後の方々に働いてもらわないと、社会が回っていかなくなりつつあります。

したがって、時代は、生涯現役としては最適な社会になってきたのです。

3　年金と生活保護はどのように考えるべきか

生活保護を受ければいいのか

年金が少なければ生活保護をもらえばいいのではないか、という話をよく耳にします。果して、それはベストな選択なのでしょうか。

もともと生活保護とは、明治7年施行された「恤救規則」に基づく生活困窮者に対する対策で、昭和4年に制定された「救護法」により確立したものです。その後、「母子保護法」「軍事扶助法」等が制定され、終戦後の昭和22年5月の日本国憲法の施行により同法第25条に示す「生存権の保障」と「社会保障制度」の充実、強化を図るため、昭和25年5月、旧生活保護法が全文改正され、現在に至っています。

その生活保護の要否の判定は、厚生労働大臣の定めた基準と保護を要する者の資産、その能力の活用、扶養、世帯の収入等との対比により行われることになっています。

読者の皆さんが一番気になる点は、年金との関係かと思います。

そのイメージは、図表63、64（厚生労働省社会保障審議会・年金部会資料参照）でご理解いただけると思います。

生活保護は安易に考えない

生活保護とは、年金人生の3階建ての家で考えれば、1階部分にしか住めない人生であるといえます。そしてそれは、本人がどのように努力しても2階建て3階建ての家には住めないということです。

なぜなら、本人の就労収入や年金収入があれば、その分生活保護は差し引かれますから、ある水

【図表63　基礎年金給付の考え方】

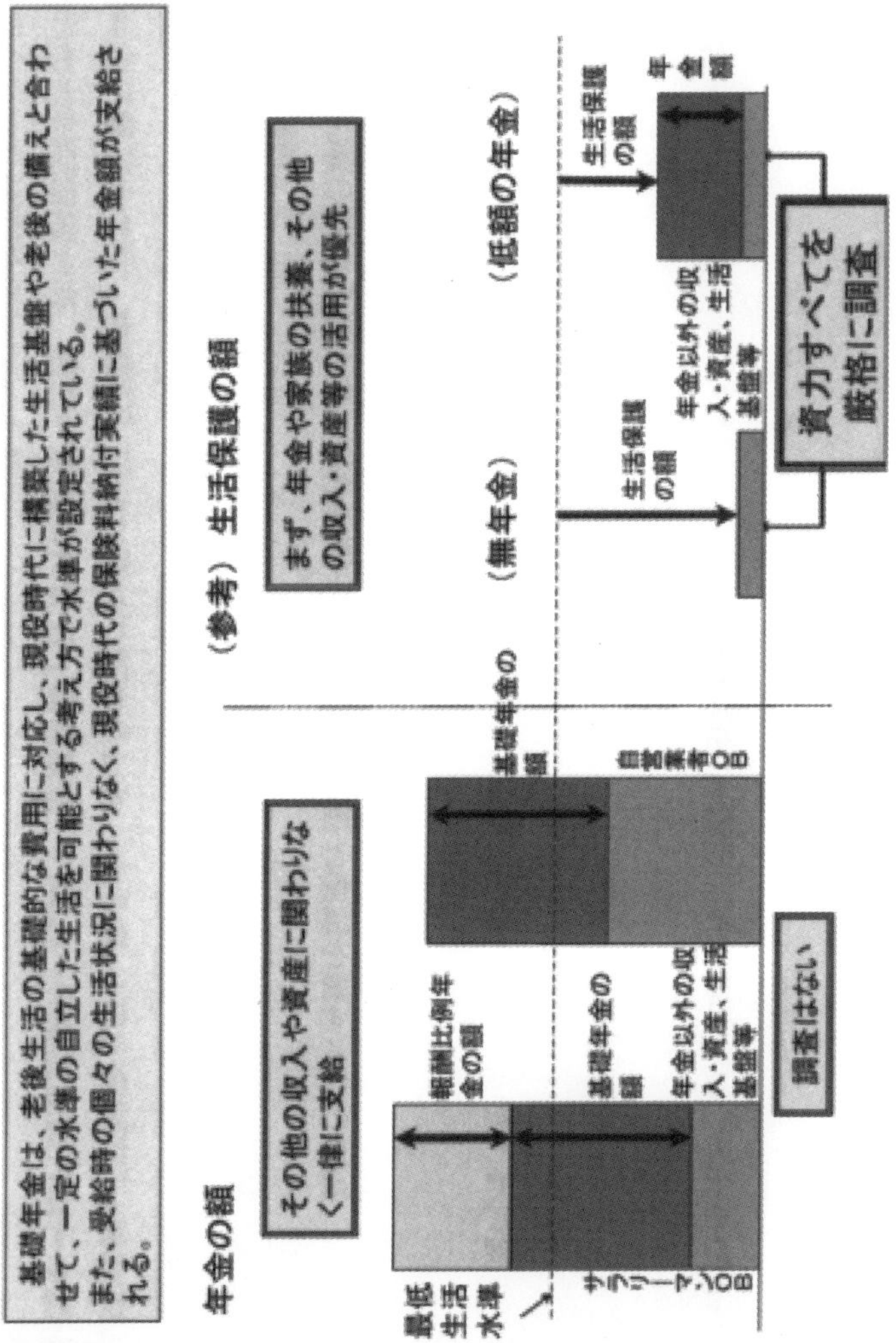

出所：厚生労働省社会保障審議会・年金部会資料

【図表64　基礎年金月額と生活扶助基準額】

○基礎年金額を、単身の生活扶助基準と比べると、級地によっては生活扶助基準が高いが、夫婦の生活扶助基準と比べると同等程度の額である。
○生活保護と公的年金の役割が異なることから、
生活保護の基準と公的年金の給付額は単純に比較できるものではないことに留意

◇ 基礎年金月額　66,008円　（夫婦合計：132,016円）　（平成20年度月額）

◇ 生活扶助基準額　（平成20年度月額、単位：円）

世帯	構成	生活扶助基準額（3級地－2 ～ 1級地－1）	＜参考＞2級地－1［県庁所在地等］
単身	65歳	62,640 ～ 80,820	73,540
夫婦	夫65歳、妻65歳の場合の1人平均	47,250 ～ 60,970	55,480
	夫婦合計額	94,500 ～ 121,940	110,960

（注）家賃、地代を支払っている場合は、これに住宅扶助が加算される。

出所：厚生労働省社会保障審議会・年金部会資料

準以上の生活はできないということです。生活保護を受けなければ、そのような制限はありません。生の年金のように死亡したときの死の年金のような給付も生活保護の葬祭扶助以外ないのが現実です。また、生活保護は、資力のすべてが調査されます。

病気などで働けないならわかりますが、生活保護を受けるというのは、このように人生の活動範囲を縮小させてしまう可能性が十分あるということです。したがって、安易に考えることではないということです。

自分の人生を豊かにすることにはつながらない

ここで、私か好きな米国のユダヤ人、サムエルーウルマンの「どうすれば若いままでいられるのか」の一節を紹介したいと思います。

人は、信念を持てば若く、疑いを持てば老いる。

自信を持てば若く、恐れを持てば老いる。

希望を持てば若く、失望を持てば老いる。

じっくりこの言葉の意味を胸に当てて考えれば、安易な生活保護への依存は自分の人生を決して豊かにしていくことにはつながらないと思っていただけるでしょう。病気などでやむを得ない人は、当然、生活保護の制度は必要であると思いますが、自分が努力もしないで安易に生活保護に頼るのはいかがかなと思います。

大半の方は年金額が生活保護の額をオーバーする

このように、年金や児童扶養手当などを受けることができるときには、これらの給付を受けた後で、世帯の収入と厚生労働大臣の定める基準で定められる最低生活費を比較して、年金などの手当の収入が最低生活費に満たないときに、初めて生活保護が適用されることになります。いかがでしょうか。

本書のテーマである生の年金や死の年金を受給できるときは、その分はマイナスされてしまうということです。先ほどの図表64の中の夫婦の参考事例の県庁所在地での生活扶助金額が１１０，９６０円となっていますが、仮にご主人が私の年金定期便の65歳時で約１６７万円受給しているようなケースでは、その他の条件もありますが、生活扶助は受けられないということになります。なお、これらのケースは、住宅扶助は含めていません。

また、62歳時点では、年金年額１０２万円ですから、私の年金月額は8万5，０００円なので、その他の条件など基準を満たしたときは、先ほどの１１０，９６０円が仮に生活扶助額だとすれば、この金額から年金の金額8万5，０００円をマイナスした2万5，９６０円か生活扶助の金額になるのだと考えればわかりやすいでしょう。

このようなことを考えてみると、本書の読者の大半である熟年で年金人生の2階建ての年金の家に住まわれている方は、ご夫婦で年金年額は厚生労働大臣の定める最低生活費をオーバーする方が大半かと思われます。したがって、年金人生において安易に生活保護といっても、年金の金額が生活保護の額をオーバーしてしまので、生活保護の選択は大変難しいと思われます。

生活保護を受けるための要件

ここで、年金人生においてこの生活保護という制度は、重要な課題の1つになると思いますので、基本的な生活保護を受けるための要件を記載します。

その1　生活保護は世帯単位

生活保護は、世帯単位で行います。世帯員全員が活用し得る資産、能力その他のすべてのものがその最低限度生活の維持のために活用されることが大前提であり、扶養義務者がいるときは、その義務者の扶養が、生活保護法による保護に優先することになってきます。

その2　資産の活用

預貯金や、生活のために利用されていない土地・建物などがあるときは、売却等して生活費にあてることになります。

その3　能力の活用

働くことができる人は、その能力に応じて働くことになります。

その4　あらゆるものの活用

本書のテーマである年金や手当など、他の制度で給付を受給することができるときは、生活保護の前にそれらの制度を活用します。

その5　扶養義務者の扶養

親族等などから援助を受けることができるときは、まずそちらを活用します。

最低生活費の内訳

ここで、厚生労働大臣の定める最低生活費の内訳を参考のために記載します。生活保護といっても、実際の保護の内容は、次の8種類になります。

①　生活扶助（日常生活に必要な食費・被服費・光熱費など）
②　住宅扶助（アパートなどの家賃）
③　教育扶助（義務教育を受けるための必要な学用品費）
④　医療扶助（医療サービスの費用）
⑤　介護扶助（介護サービスの費用）
⑥　出産費用（出産の費用）
⑦　生業扶助（就労に必要な技能の習得などにかかる費用）
⑧　葬祭扶助（葬祭費用）

生活保護を受ければという安易な考えは捨てる

以上のように、生活保護というと生活扶助や住宅扶助ばかりが注目されますが、それだけではないのです。先ほども述べましたが、年金人生の大半の方は、年金年額が最低生活費よりオーバーしますので、この生活保護の対象にはならないということを、改めて受け止めていただきたいと思います。

したがって、高齢になって、大変であれば、安易に生活保護を受ければいいなどという考えは捨てなければならないと思います。なので、読者の皆さんも、前章で解説した、第1年金・第2年金・第3年金の年金人生ついては、ご夫婦で1度は真剣に考えなければいけないのではないかと思います。

4　マズローの欲求5段階説から見た人生と年金の考え方

マズローの欲求5段階説

前項まで、生の年金・死の年金・民間の個人年金保険などについて記載してきました。この項では、年金人生の生き方について考えてみます。

私は、この人生を考えるうえでぜひ参考にしていただきたいと思うアメリカの有名な経済学者マズローの欲求5段階説について紹介したいと思います。

本書の読者であれば、すでに知っているよと言われる方も多いことでしょう。それほど、日本では、コンサルの場面などでよく活用されています。ポイントは、誰もがわかりやすく、様々に活用しやすく、応用しやすいといえば、わかりやすいと思います、

熟年男性の皆さんが、定年を前に、今1度自分の年金人生を生きていくうえで、1つの目標方向

【図表65　マズローの欲求5段階説】

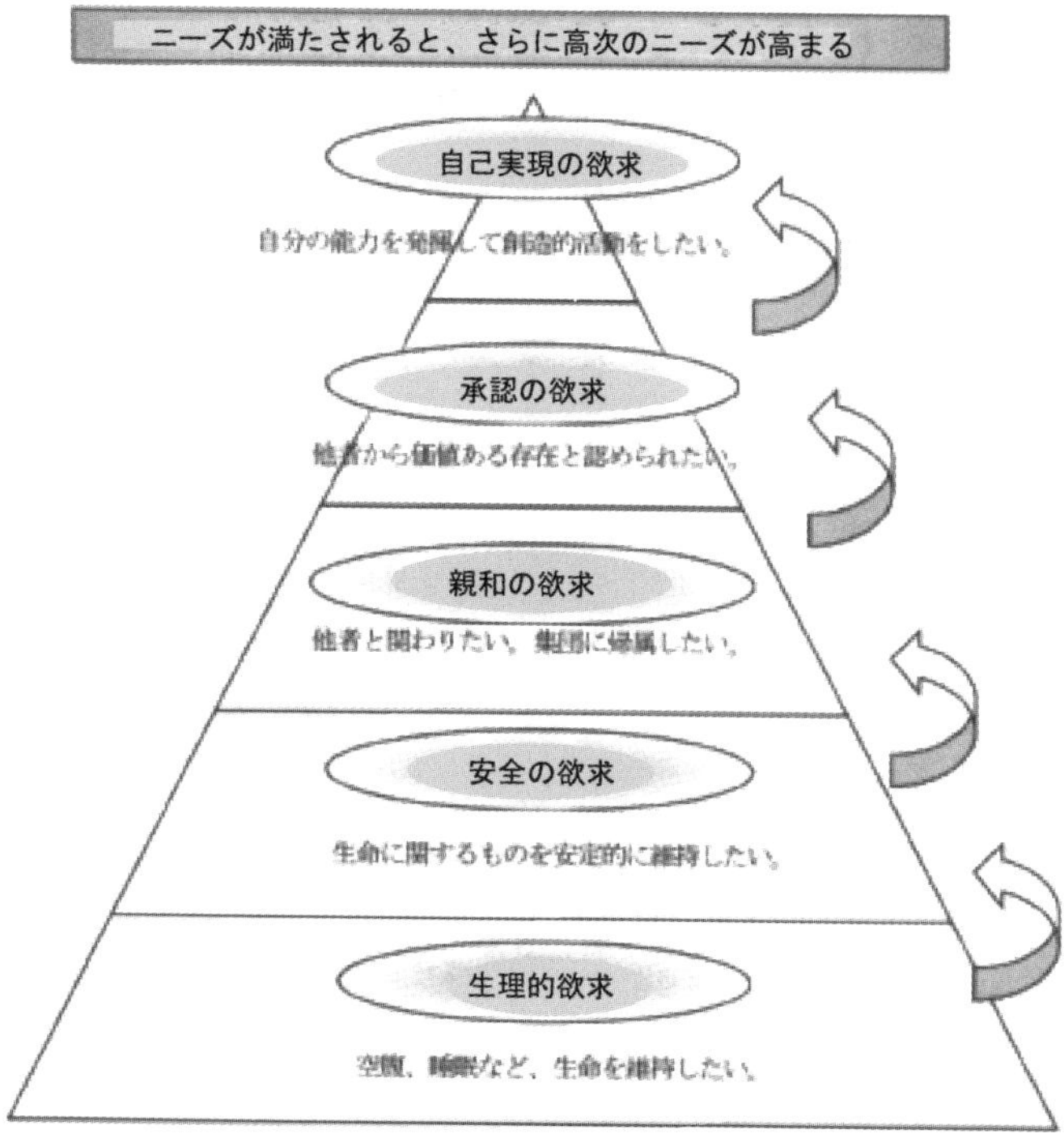
ニーズが満たされると、さらに高次のニーズが高まる
自己実現の欲求
自分の能力を発揮して創造的活動をしたい。
承認の欲求
他者から価値ある存在と認められたい。
親和の欲求
他者と関わりたい。集団に帰属したい。
安全の欲求
生命に関するものを安定的に維持したい。
生理的欲求
空腹、睡眠など、生命を維持したい。

を決めていく際には大変参考にしていただける学説だと思います。

とにかく、マズローの欲求5段階説は、わかりやすく面白いのです。

マズローが唱えた欲求5段階説では、図表65のように、人間の欲求は5段階のピラミッドのようになっていて、底辺から始まって、1段目の欲求が満たされると、1段階上の欲求を志すというものです。

生理的欲求、安全の欲求、親和の欲求、承認の欲求、自己実現の欲求となります。

1段目の欲求

まず、生理的欲求は、人間が生きる上での衣食住等の根源的な欲求であります。サラリーマンという視点に立てば、失業していた人が、やっと就職できたとかいう状況です。したがって、この段階の人は、とにかく賃金がいくらもらえるかというような労働条件が一番重要な課題になります。ですから、この段階の方のモチベーションアップには、賃金の多い少ないが最大の関心事になってきます。

2段目の欲求

1段目の欲求が満たされると、次の欲求である安全の欲求は、先輩従業員の方に早く一人前に認められたいと考えている状態で、給料は世間並みの水準かどうか、賞与はどれくらいかなど気にしてくる段階です。

3段目の欲求

それも達成すると、次は親和の欲求です。他人と関わりたい、他者と同じようにしたいなどの集団帰属の欲求です。この段階の人は、サラリーマンでいえば入社3・4年目の従業員が該当します。この段階でのモチベーションアップには、賃金だけでなく、仕事の権限や達成感などを与えることが必要になってきます。

４段目の欲求

そして、その段階も達成すると、次の欲求は、承認の欲求といわれるもので、自分が集団から価値ある存在として認められ、尊敬されることを求めてくる、いわゆる認知欲求です。サラリーマンでいえば、仕事もベテランになり、課長、部長といった地位に目覚めてくる段階です。ですから、この段階の従業員は、お金よりむしろ役職がモチベーションアップに影響を与えるのではないかと思います。

この４段階目の承認の欲求の段階になると、会社でも部長とか、中には取締役といったことで、従業員からある程度認知される状況になってくる段階です。サラリーマンであれば、この段階の延長線にあるのが定年退職ということになります。

多くの熟年男性は、このステージで、頑張ってこられているのだと思います。

５段目の欲求

そして、最終の５段階目が、自分の能力・可能性を発揮し、創造的活動や自己の成長を図りたいという自己実現の欲求です。サラリーマンでいえば、自分に権限を与えてもらい、あるプロジェクトをやり遂げるなどになります。私の見るところ、なかなかこの自己実現の欲求まで到達できる人は少ないのではないかと思います。

自己実現ということは、自分の人生目標を達成するということにもなってきます。もう既に、自己実現まで達成されておられますか。中には、親和の欲求でストップしている方も多くいらっしゃるのではないかと思います。私が思うには、サラリーマンで、自己実現の欲求まで達成できる方はまれです。

サラリーマンで、自己実現までできた方は、一握りの方だけです。多くの方は、部長にもなれないで、定年を迎えられるのではないかと思います。

1段目の年金ステージを考える

次に、マズローの欲求5段階説で、具体的に年金人生を考えるとどうなるでしょうか。

これは私の持論になりますが、1段階の生理的欲求の段階とは、前項までで考えてきた生の年金や死の年金、民間の個人年金などで定年後生活していけるという要求が満たされているかどうかです。もし、この段階で満たされないと、次の欲求へのはステップアップは難しいのです。なので、ここが満たされないときは、短時間勤務などの再雇用などの第3の年金で対応していかなければならなりません。

2段目の年金ステージを考える

次の2段階目が、安全の欲求のステージです。

これは、年金人生では健康であり続けることです。そのためには、規則正しい食生活など、家庭の和楽が重要でしょう。

3段目の年金ステージを考える

そして、3段階目の親和の欲求になると、地域で町内会の行事に積極的に参加したり、ボランティア活動などを通して、社会の中に積極的に関わっていくことが、これらの親和の欲求を達成させてくれるのではないかと思います。

4段目の年金ステージを考える

次の年金人生の4段階目の承認の欲求の段階になると、これは町内会の役員になるとか、ボランティア活動などを推進する立場などになることにより、社会の中で信頼されてくることではないかと思います。

そのことが、やがて年金人生の平均寿命の男性81歳・女性87歳以上になっても元気で活躍するキッカケになり、あなたの生の年金受給はトータルで5，000万円・6，000万円となり、益々年金人生を輝かしていくベースになってくるのです。

5段目の年金ステージを考える

そして、最終の5段階目が、年金人生の自己実現の欲求の段階です。私の見るところ、なかなかこの自己実現の欲求まで達成できる方は少ないと思います。

逆にいうと、人生の晩年だから、これまでのあなたの人生経験を通して考えれば、最終の自己実現の課題が見えてくるのではないかと思います。

ある意味、この自己実現の5段階目は、サラリーマン時代に達成できなかったことをこの年金人生でチャレンジしたらどうかということです。

平均寿命81歳まで生きていくために

私は、定年後は引退されるのではなく、人生の総仕上げでもなく、新たな出発のスタート時点に立ったと思って、人生の最高目標の自己実現にチャレンジしてはどうかと思っています。

そして大事なことの1つは、これからは奥様を大事にしていたわっていかないと、これからの年金人生で自己実現はなかなか達成できないものになってくるということです。この年金人生で、奥様から三下り半で、1人になればこれほど厳しく寂しい人生はありません。

また、私は、以前から生涯現役を標榜してきました。これこそが、人生の最高の健康法であると思っています。

男性人生・平均寿命81歳まで生きていくためには、定年と同時に自己実現のために、事業など何か新しいことを開始すべきでしょう。私は、人生は2毛作、自己実現の夢を忘れてはいけないと思っています。

自己実現を目指す

マズローの欲求5段階説が説いているように、いかなる人間も、最終的には、この自己実現を目指すのではないでしょうか。なぜ自己実現を目指すのか、これは最終的には、人は誰でも幸福を求めてやまないからです。

そして、やがて死を迎えるわけですが、そのとき、あなたの年金人生の生の年金は、死の年金へと生き続けていくことになります。「生も年金、死も年金なり」です。

ところで、本書の読者の熟年の方は、おそらく60歳前後の方が多いと思います。目次をご覧になられて、年金の繰上げ支給について記載もされているのを見て、1度は聞いたことがあるが、漠然としていて、興味を引かれて本書を読んでいただいているのではないでしょうか。

年金のことに思いを巡らすと、60歳定年でどのように平均寿命の81歳まで生きていくべきか考えさせられるものです。

人生は定年で終わり？

日本のサラリーマンの多くは、定年で人生が終わったのではないかと思ってしまいます。

なぜなら、ほとんどのサラリーマンは、定年後のしっかりしたビジョンを持って、どのように生きていくかといったことを、真剣に考え、また、実際に定年後の人生のプランを描いている方が少ないからです。そのほとんどが、漠然としているといった感じです。

実にもったいないとしか言いようがありません。その点、多くの自営の中小企業の社長は、定年など考えず、75歳くらいまで現役で活躍されている方が結構おられます。だから、いつまでも若々しく元気な方が多いのです。

60歳定年で、平均寿命の81歳まで、何と21年間も生きていかなければならないのです。病気で1週間も入院していると体の大部分の筋力が低下してしまい、自分の力では歩けないくらい体力がなくなってしまうのが人間の体です。

体でさえそうなのですから、人間の心も活発に活動しなければ、体と同じように、どんどん低下してしまいます。

サラリーマン時代、あれだけバリバリお仕事をされていたのに、定年後2、3年してたまたまお会いすると、あまりの変化に驚くことがあります。まるで廃人のような感じを抱くことすらあります。また、60歳の定年後、数年で死亡した先輩などの話をお聞きすることがよくあります。

なぜ、やっと定年を迎え、年金で暮らせるようになったのに、廃人同様になったり、亡くなってしまうのでしょうか。

確かに、私が妻であるとすれば、ご主人が定年後朝から晩まで家におり、ただテレビを見て、毎日、飯・お風呂・寝ると言われたら耐えられなくなります。わが家がストレスの塊になってしまうと思います。そのとき、奥様にある程度資力と先の目途が立てば、それはやはり、本書で紹介している熟年離婚にまっしぐらに突入していくでしょう。

ですから、定年後は趣味三昧とか、奥様と旅行三昧の生活をして、余生を有意義に生きていくとお話される方が多くおられますが、それは甘い理想だと私は思っています。

81歳までの最低でも21年、生まれてから20歳までの約20年間が残っているのです。赤ちゃんとして生まれてから20歳までは、素晴らしい成長を遂げています。20年、人によっては30年の時間があるのです。

ちなみに、江戸時代は60歳を過ぎれば年金で隠居などということができたでしょうか。人間以外で、定年だからといって、のんびり過ごしている動物がいるでしょうか、否です。毎日が外敵との戦いで、毎日毎日が勝負の連続といっても過言ではないのです。油断すれば、その他の動物に食べ殺されてしまいます。これが、自然界です。

人間が、動物のように、食うか食われるかで生きていくというのは、それはやはりビジネスで仕事をやり抜くことではないでしょうか。ですから、人生を81歳、１００歳まで生き抜いていこうと思うならば、やはり、仕事または仕事に匹敵することをやることです。

定年で、のんびり暮らすという考えは、病気で寝たきりになるのを自らの手でそのスピードを速めているのと変わらないことです。

このようなことを書くと、定年まで頑張って働いてきた人間の気持ちをどう思っているのかと、お叱りを受けるかもしれません。

以上いろいろ、自説を述べてきましたが、人生生涯現役で何かを求め、やり続けることが最も重要なことです。

年金人生を最高に生き抜くために

最後に、年金人生を最高に生きていくための私の持論を紹介させていただきます。

人生60歳前後になってくると、私もそうですが、若い人のように体が自由にならなくなってきます。何をするにしても疲れやすいと思うのは私だけではなく、読者の皆さんも同じご意見かと思います。

かつて出版した私の自己啓発本「誰もが一個の天才　コロナウイルスなどに負けない生き方・働き方」（セルバ出版刊）の中で、誰もが自分の体の中に、60兆個の細胞があり、その個々の細胞が意思を持っているとしています。

私は、その個々の細胞を「細胞君」と命名して、細胞君を活性化させていくことが、人生を有意義に生きていく秘訣だと思っています。それではどうやって、この細胞君を活性化させるかですが、それは簡単です。

あなた自身の細胞君に対して、「私は天才だ」「私はできる」と細胞君を信じて命令するのです。するとどうでしょうか。あなたの体の60兆個の「細胞君」は、あなたの命令に従って、瞬時に動き始めるのです。

映画などを見ていて、足の爪から頭の天辺まで全身が感動するといった経験はありませんか。あれは、全身の細胞君が興奮しているからです。このようにあなたの体には、何と60兆個の細胞君が、常にあなたの指示待ちで待機しているのです。

逆にいうと、あなた自身の中には、60兆個の細胞君があるのです。ですからあなたは、素晴らしい生命の塊なのです。こんな素晴らしい体があるのです。この素晴らしい自分の宝である細胞君を、定年などということで活動休止させることは、大変もったいないことです。誰もが天才なのです。

決して人生を悲観してはならないし、諦めてもいけないと思います。あなたの中にある60兆個の細胞君のためにも、人生をプラス思考で捉え、年金人生を誰もがマズローのいうところの自己実現が達成できるように、頑張って生きていくべきです。

そのためにも、本書で紹介した3階建ての年金の住宅を第1年金・第2年金・第3年金で建設して、あなたの60兆個の細胞君を思う存分に働ける状態にしておくことが必要となってくるのです。

読者の皆さん、あなたは「天才なのです」。年金人生「生も年金・死も年金なり」で、人生の自己実現に向けて頑張っていく際に、本書が何かお役にたてれば、私のこの上ない喜びです。

参考資料

本書の付録に、参考資料として、読者の皆さんがどのようにして年金額が計算されるのかイメージしていただければと思い、簡単な計算方法と年金人生の年金額記入表を入れてあります。ご自分の年金定期便のデータをもとに、1度ご自分の年金人生のシミュレーションしていただく際の参考にしてください。

私の年金定期便の報酬比例部分と老齢基礎年金の年金額の2つのデータから、本書で紹介した内容までシミュレーションできました。あなたの誕生日前に年金事務所から、年金定期便が郵送されてきましたら、年金額記入表を拡大コピーなどして年金額を記入していただき、ぜひご夫婦で、年金人生を考えられることをおすすめします。表に記入することによって、昨今のコロナ渦では話し合う機会も多くなってきているので、ご夫婦できっと何か新しい人生の気づきに巡り合えるのではないかと思います。

本書の参考資料が、読者のあなたの人生のお役に立てれば幸いです。

【参考資料１　生の年金】

生の年金

令和2年度価額による基本的計算方法

●国民年金の老齢基礎年金について●

昭和16年4月2日以降生まれの人

781,700 × 保険料納付済期間の月数 ／ 480月

免除期間がある人の時の計算方法

781,700 × 保険料納付済期間の月数＋（保険料免除の月数×乗率） ／ 480月

●65歳からの老齢厚生年金の計算のしくみ●

在職中の報酬（給料・ボーナス）、加入期間が多いほど受取り額は多くなります。

給与・ボーナスの平均額

生年月日により決定

定額部分とは異なり、上限なし

平均標準報酬 × 乗率 × 加入月数

平成15年3月まで①と平成15年4月以降②を合計をします。

①平成15年3月まで

平均標準報酬月額 × 9.5〜7.125 ／ 1,000 × 平成15年3月までの加入月数

昭和21年4月2日以降生まれの方　7.125

②平成15年4月以降

平均標準報酬額 × 7.308〜5.481 ／ 1,000 × 平成15年4月以降の加入月数

昭和21年4月2日以降生まれの方　5.481

●障害基礎年金について●

障害基礎年金額 ＝ 年金の額 ＋ 子の加算額

障害基礎年金額

障害等級	（1級）	977,125円
	（2級）	781,700円

子の加算

第1子、第2子	1人につき	224,900円
第3子目以降	1人につき	75,000円

子の生計維持の基準

生計を同じくしていた子であって、年収850万円未満の子であることが条件です。

●障害厚生年金の年額について●

障害厚生年金額

障害等級	（1級）	老齢厚生年金×1.25
	（2級）	老齢厚生年金と同じ
	（3級）	老齢厚生年金と同じ （最低保障額586,300円）

配偶者加給年金

障害等級	（1級）	224,900円
	（2級）	224,900円

計算方法

老齢厚生年金の計算式は下記の通りです。

総報酬制の導入前①と導入後②の標準報酬額の総合計から年金額を算出します。
①平均標準報酬月額×7.125/1000×平成15年3月以前の厚生年金の加入月数
②平均標準報酬月額×5.481/1000×平成15年4月以降の厚生年金の加入月数

※ どの等級も300月に満たない場合は300月として計算します。
生年月日による乗率の違いはなく、上記の乗率で計算します。
子の加算はありません。（対象となる子がいるときは、障害基礎年金に加算されます）

【参考資料２　死の年金】

死の年金

令和２年度価額による基本的計算方法

●配偶者に支給する遺族基礎年金の額について●

781,700円　＋　子の加算

子の加算額

子１人目、２人目	１人につき	224,900円
子３人目以降	１人につき	75,000円

●遺族厚生年金の額について●

老齢厚生年金の計算式は、報酬比例部分と同じです。

$$\text{老齢厚生年金} \times \frac{3}{4}$$

【参考資料３　年金額一覧表（令和２年度価額）】

《国民年金》

生の年金

基礎年金の金額

老年基礎年金	781,700
障害基礎年金(1級)	977,125
(2級)	781,700

生の年金

障害基礎年金および遺族基礎年金の子の加算額

第1子、第2子	224,900
第3子以降	75,000

死の年金

遺族基礎年金

遺族基礎年金	781,700

死の年金

子のある配偶者に支給される遺族基礎年金の額

	基本額	加算額	合計額
子が1人の場合	781700円	224,900円	1,006,600円
子が2人の場合	781,700円	449,800円	1,231,500円
子が3人の場合	781700円	524,800円	1,306,500円

《厚生年金》

生の年金

老齢厚生年金

配偶者加給年金額	390,900円
昭和18年4月2日以降生まれの方	

生の年金

障害厚生年金関係

3級障害厚生年金の最低保障額	586,300円
障害厚生年金の配偶者加給年金額	224,900円

死の年金

遺族厚生年金関係

中高齢寡婦加算の額	586,300円

【参考資料４　繰上げ・繰下げ増減率早見表（令和４年４月改正）】

令和４年４月以後適用（数字は%）

	年齢＼月	0か月	1か月	2か月	3か月	4か月	5か月	6か月	7か月	8か月	9か月	10か月	11か月
繰上げ支給	60歳	76.0	76.4	76.8	77.2	77.6	78.0	78.4	78.8	79.2	79.6	80.0	80.4
	61歳	80.8	81.2	81.6	82.0	82.4	82.8	83.2	83.6	84.0	84.4	84.8	85.2
	62歳	85.6	86.0	86.4	86.8	87.2	87.6	88.0	88.4	88.8	89.2	89.6	90.0
	63歳	90.4	90.8	91.2	91.6	92.0	92.4	92.8	93.2	93.6	94.0	94.4	94.8
	64歳	95.2	95.6	96.0	96.4	96.8	97.2	97.6	98.0	98.4	98.8	99.2	99.6
	65歳	100.0	100.0	100.0	100.0	100.0	100.0	100.0	100.0	100.0	100.0	100.0	100.0
繰下げ支給	66歳	108.4	109.1	109.8	110.5	111.2	111.9	112.6	113.3	114.0	114.7	115.4	116.1
	67歳	116.8	117.5	118.2	118.9	119.6	120.3	121.0	121.7	122.4	123.1	123.8	124.5
	68歳	125.2	125.9	126.6	127.3	128.0	128.7	129.4	130.1	130.8	131.5	132.2	132.9
	69歳	133.6	134.3	135.0	135.7	136.4	137.1	137.8	138.5	139.2	139.9	140.6	141.3
	70歳	142.0	142.7	143.4	144.1	144.8	145.5	146.2	146.9	147.6	148.3	149.0	149.7
	71歳	150.4	151.1	151.8	152.5	153.2	153.9	154.6	155.3	156.0	156.7	157.4	158.1
	72歳	158.8	159.5	160.2	160.9	161.6	162.3	163.0	163.7	164.4	165.1	165.8	166.5
	73歳	167.2	167.9	168.6	169.3	170.0	170.7	171.4	172.1	172.8	173.5	174.2	174.9
	74歳	175.6	176.3	177.0	177.7	178.4	179.1	179.8	180.5	181.2	181.9	182.6	183.3
	75歳	184.0	184.0	184.0	184.0	184.0	184.0	184.0	184.0	184.0	184.0	184.0	184.0

（繰上げは令和4年3月までは1か月あたり0.5%減額4月以後は0.4%減額

（繰下げ率の改正は70歳から75歳までの部分について）

【参考資料５　年金額記入表】

				65歳	70歳	75歳	80歳	85歳	90歳以上
夫の年齢									
妻の年齢				歳					
			（1年あたりの金額を記入・・・単位万円）						
第1年金	夫	3F	基金等部分						
		2F	厚生年金部分						
		1F	国民年金部分						
			加給年金など						
	妻	3F	基金等部分						
		2F	厚生年金部分						
		1F	国民年金部分						
			振替加算など						
第2年金	夫	個人年金等							
	妻								
第3年金	夫	給与収入等							
	妻								
総合計	年額								
	月額（年額÷１２）								

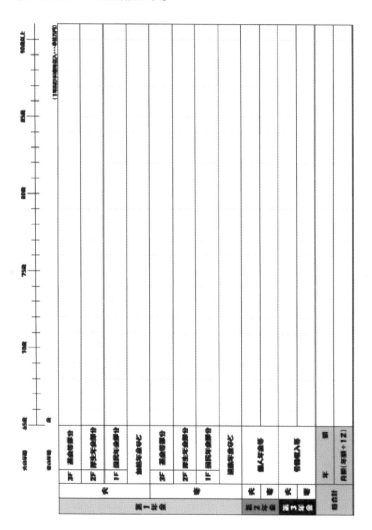

あとがき

本当に最後まで私の本に、お付合いいただき大変ありがとうございました。

9年前に最初の本を出版させていただき、本書で21冊目となりました。実はまさか年金の本の改訂版でまた出版するとは、思いもよりませんでした。

私は現在65歳です。思えば5年前、私の家に年金事務所から年金定期便が郵送されてきて、改めて自分の年金について考えてみました。私は、本業が社会保険労務士で、年金相談などもやってきています。石川県社会保険労務士会の年金研究会にも所属して、日常的に年金については考えてきていると思っていました。

ふと、この定期便を見ていて、自分のときは、果して年金の繰上げ・繰下げの選択はどうなるのかなど真剣に思いました。なので、年金事務所に行って、自分の年金にいて再度確認しました。その中でいろいろな気づきがありました。このことは、私のように、これから年金を受給する方にとっては、大変参考になるのではないかと思いました。

また、このような気づきがわかる本がほとんどないことがわかりました。このような思いが、今回の改訂版の動機となりました。現在、多くの年金関係の本が出版されていますが、私の今回のような視点に立った本は少ないのではないかと思います。

本書を出版する動機を与えてくれたランチェスター経営で有名な竹田陽一先生や、私か所属している名古屋の北見塾の北見式賃金研究所の北見昌朗先生、そして、本書のコーディネーターであるインプルーブの小山睦男社長には感謝に耐えない気持ちでいっぱいです。

本書は、誰もが定年と同時に人生１００年時代の年金人生を歩んでいきます。その年金人生を生きていくうえで何か本書を読んで参考にしていただけたら幸いと思っております。また、本書のテーマである、生の年金と死の年金の２つの側面から年金制度を考えるキッカケの1つになれば幸いです。

ここまでお付合いいいただき、本当にありがとうございました。

感謝

参考文献

・「パターン別老齢年金の繰上げ・繰下げ徹底解説」日本法令　高木隆司著

・「55歳から準備する定年後にゼッタイ損しない年金・保険・税金の本」　こう書房　中村敏夫著

・「もらえる年金が本当にわかる本　14年～15年版」成美堂出版　下山智恵子・甲斐美帆著

著者略歴

三村　正夫（みむら　まさお）

株式会社三村式経営労務研究所 代表取締役、三村社会保険労務士事務所 所長。

福井県福井市生まれ。芝浦工業大学卒業後、昭和 55 年日本生命保険相互会社に入社し、販売関係の仕事に 22 年間従事。

平成 13 年、金沢で社会保険労務士として独立開業。ランチェスター戦略社長塾を北陸で初めて開催するなど、独自の労務管理を展開している。

モットーは、「社員は一個の天才、会社は天才の集まりだ」で、社長は社員の可能性を信じてほしいと訴える。同郷の五木ひろしの大ファン。歴史の町・金沢をこよなく愛す。寿司と日本酒が何より。死ぬまで働く覚悟。信念は、「人生は、自分の思い描いたとおりになる」。

特定社会保険労務士、行政書士、マンション管理士、ファイナンシャルプランナー（ＣＦＰ）など 22 種類の資格を取得。

著書には『改訂版　サッと作れる小規模企業の就業規則』『改訂版　サッと作れる小規模企業の賃金制度』（いずれも、経営書院刊）『ブラック役場化する職場―知られざる非正規公務員の実態』（労働調査会刊）『改訂版　マンション管理人の仕事とルールがよくわかる本』『改訂版　マンション管理士の仕事と開業がわかる本』『超人手不足時代がやってきた！　小さな会社の働き方改革・どうすればいいのか』『誰もが一個の天才　コロナウイルスなどに負けない「生き方・働き方」』『改訂版　熟年離婚と年金分割―熟年夫のあなた、コロナ離婚などないと思い違いをしていませんか』（いずれも、セルバ出版刊）などがある。

改訂版　生の年金・死の年金
―人生 100 年時代の年金人生、死亡時期でこんなに変わる年金受給

2014年 11 月14日　初版発行　　2015年 1 月14日　第 2 刷発行
2021年 2 月 2 日　改訂版発行

著　者　三村　正夫　© Masao　Mimura

発行人　森　　忠順

発行所　株式会社 セルバ出版
〒 113-0034
東京都文京区湯島 1 丁目 12 番 6 号 高関ビル 5 B
☎ 03（5812）1178　　FAX 03（5812）1188
https://seluba.co.jp/

発　売　株式会社 三省堂書店／創英社
〒 101-0051
東京都千代田区神田神保町 1 丁目 1 番地
☎ 03（3291）2295　　FAX 03（3292）7687

印刷・製本　株式会社 丸井工文社

Printed in JAPAN
ISBN978-4-86367-636-7